Norwegen

Faszination zwischen Polarlicht und Mitternachtssonne

Norwegen

Faszination zwischen Polarlicht und Mitternachtssonne

von
Matthias Hanke & Reinhard Pantke

2. Auflage

Alle Aufnahmen von den Verfassern
Ausnahmen: Seite 63 rechts Gammeltunet Hanshus,
Seite 133 Mitte und unten, sowie
Seite 138 oben links von Michael Jürgensen

Verlag Worldwide Travel
Satz/Litho: PER Medien+Marketing GmbH, Braunschweig
Landkarte: Labor für Fotografie, Hannover
Druck: Limbach Druck und Verlag, Braunschweig

Printed in Germany

ISBN 978-3-9806849-6-5

„Gibt es ein schöneres Land als Norwegen?", fragt ein altes norwegisches Schulbuch wohl eher rhetorisch. Manche Leute meinen, dass die Fjorde Neuseelands, die Berge der Schweiz, die Wälder Kanadas und die Seen Schwedens noch schöner sind, doch es gibt wohl kaum Plätze, wo man auf einer vergleichsweise kleinen Fläche wie in Norwegen so viele majestätische und spektakuläre Naturlandschaften bestaunen kann. Man sagt, wer einmal dort gewesen ist, wird sich immer wieder zurücksehnen nach den schneebedeckten Bergriesen, den unzähligen Wasserfällen, glasklaren Seen und Flüssen und den endlos scheinenden, kargen Hochebenen.
Der Name „Norwegen" geht auf das altnorwegische Wort „Nordvegr" zurück und bedeutet „Der Weg nach Norden". Damals war der Seeweg die einzige Verbindung zwischen den verstreut liegenden Siedlungen. Ein Blick auf die geographische Form macht die Verbundenheit mit dem Meer noch deutlicher: Ungefähr 1.700 km (Luftlinie) beträgt die Nord-Süd-Ausdehnung und an der schmalsten Stelle ist das Land lediglich 6 km breit. Eine Messung der Küstenlinie ergab ohne die vorgelagerten Inseln 21.300 km!
Auf dem Weg nach Norden verändert die Küste ihr Antlitz ständig: Von lieblichen Badebuchten im Süden, über die tief ins Landesinnere reichenden Fjorde im Westen, zu den schroff aus dem Meer aufragenden Lofoten-Bergen und dem kargen Küstensaum des Nordpolarmeeres. Der Golfstrom – die gigantische Warmwasserheizung aus der Karibik – sorgt für ein angenehmes Klima und eisfreie Küsten. Das Meer war schon immer die Lebensader dieses gebirgigen Landes und auch heute leben von den 4,5 Millionen Nachfahren der Wikinger ca. 80 % in Sichtweite des Meeres.
Wer Norwegen im Sommer bereist wird diese landschaftliche Pracht, abhängig davon, wie weit man im Norden ist, rund um die Uhr bei Tageslicht genießen können. Es ist faszinierend, wenn die Sonne für Stunden knapp über dem Horizont steht und alles in goldgelbes oder rötliches Licht taucht. Was wäre dann schöner, als mit seinem Zelt oder dem Wohnmobil irgendwo an einem einsamen Sandstrand zu stehen?
Doch vergessen wir nicht, dass man nördlich des Polarkreises den Preis für die hellen Sommer mit dunklen Tagen im Winter, an denen die Morgendämmerung nahtlos in die Abenddämmerung übergeht, bezahlt. Eine schwere Zeit für viele Bewohner, die mit dem Anschalten sämtlicher Lampen im Haus zumindest künstliche Helligkeit schaffen. Ein kleiner Ausgleich ist da das Polarlicht, das in der dunklen Jahreszeit über den Himmel tobt – ein magisches Schauspiel, das den Betrachter immer wieder in seinen Bann zieht.
Die Landschaft, das Wetter und das Klima sowie die isolierte Lage vieler Ansiedlungen erklären leicht, warum Norwegen über eine große Anzahl von Sagen und Märchen verfügt. Das ganze Land scheint von Riesen, Trollen, Hexen und Unterirdischen bewohnt zu sein. Viele der Erzählungen lassen sich ganz konkret Regionen zuordnen. Einige der Märchen sind in diesem Bildband wiedergegeben.
Ähnliches gilt, wenn auch auf andere Weise, für die Romane von Knut Hamsun (1859–1952), von denen wir ebenfalls einige Auszüge den Bildern zugeordnet haben. Dazu fanden wir viele Zitate von mehr oder weniger bekannten Leuten, die oft begeistert, manchmal aber auch herablassend ihre Heimat beschrieben.
Wir hoffen, dass dieser Bildband Sie vielleicht neugierig macht, Norwegen selbst einmal zu erkunden oder die Wartezeit bis zum nächsten Norwegentrip etwas verkürzt und die Sehnsucht nach der Magie des Lichtes stillt.
Auf nach Norden!

Matthias Hanke
Reinhard Pantke

Die Abenteuerlust, der Geist des Wagemuts, lebt in uns allen. Es ist unsere geheime Sehnsucht, etwas zu tun, das Leben mit mehr zu füllen als unserem täglichen Trott von zu Hause ins Büro und vom Büro wieder nach Hause. Es ist unser ewiges Verlangen, Schwierigkeiten und Gefahren zu überwinden, das Verborgene zu entdecken, in Wälder weit weg vorzudringen; es ist die Zauberkraft des Unbekannten, unsere Sehnsucht nach dem Lande jenseits der bekannten Grenzen, die göttliche Macht, tief verwurzelt in der Menschenseele – vielleicht die Triebfeder zu unseren größten Taten.

Fridtjof Nansen

Oslo

Oslo wurde 1299 unter dem Namen
„Christiania“ zur Reichshauptstadt erhoben.
Obwohl heute fast jeder zehnte Norweger hier lebt,
ist die Innenstadt klein und überschaubar.
Die Natur macht einen wichtigen Teil
der Lebensqualität aus: Wanderwege und
Langlaufloipen gehören ebenso zum Stadtgebiet
wie 40 Inseln im Oslofjord.
Außerdem gibt es zahlreiche Museen,
Theater und besonders im Sommer
verschiedene Festivals.

Das 1848 errichtete Schloss ist der offizielle Wohnsitz des norwegischen Königs.

Vor dem Schloss die obligatorische und täglich stattfindende Wachablösung der königlichen Garde.

Der 17. Mai ist Nationalfeiertag. Gefeiert wird die Verabschiedung der Verfassung im Jahre 1814. Festgelegt wurde die erbliche Monarchie und so marschiert der Festumzug jedes Jahr an der winkenden Königsfamilie vorbei, die auf dem Balkon tapfer die rund sechs Stunden aushält.

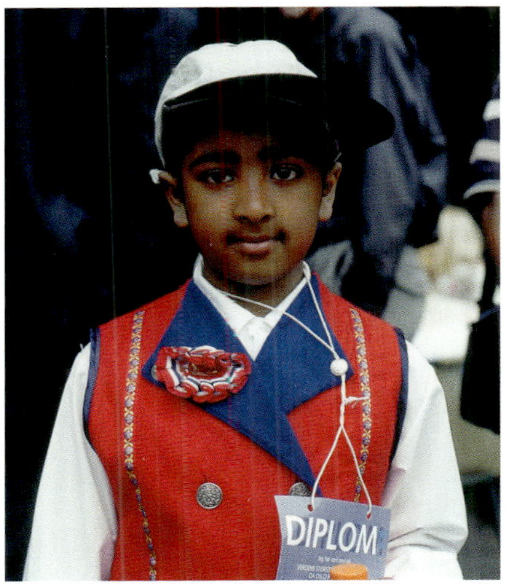

Die meisten Menschen tragen an diesem Tag ihre Tracht, die es in vielen Variationen gibt. Auch die Jüngsten sind mit Begeisterung bei der Sache.

… und das scheint dann auch für die mitgebrachten Haustiere zu gelten!

In gerader Linie mit dem Schloss steht das Parlamentsgebäude. Hier wird die Politik gemacht – nicht im Schloss.

Es war in jener Zeit, als ich in Kristinia umherging und hungerte, in dieser seltsamen Stadt, die keiner verlässt, ehe er von ihr gezeichnet worden ist.

Roman „Hunger“ von Knut Hamsun

Auf der Halbinsel Bygdoy befinden sich mehrere Museen zum Thema Schifffahrt. Mit dem Papyrosboot „Ra II“ überquerte der Anthropologe Thor Heyerdahl 1970 den Atlantik.

Grenzen? Ich habe niemals eine gesehen. Aber ich habe gehört, sie existieren in den Köpfen einiger Leute.

Thor Heyerdahl

Henrik Ibsen gilt als der bedeutendste Dramatiker Skandinaviens. Die Skulptur steht vor dem Theater, in dem jedes Jahr im Rahmen eines Festivals seine Stücke aufgeführt werden.

Zu fragen bin ich da,
nicht zu antworten!

Henrik Ibsen

Die Nationalgalerie zeigt die größte Sammlung norwegischer Kunst. Darunter auch das bekannteste Bild von Edvard Munch „Der Schrei“.

Einer der vielen Parks der Stadt ist der Vigelandpark. Ausdrucksstark oder kitschig – der künstlerische Wert wird unterschiedlich beurteilt, doch kalt lassen die Figuren aus Bronze und Granit keinen Betrachter. Die rund 650 Skulpturen erzählen vom Lauf des Lebens.

Der Park ist das Lebenswerk des genialen Künstlers Gustav Vigeland. An dem 17 m hohen Monolith arbeitete der Bildhauer 22 Jahre lang.

Etwas außerhalb steht die Sprungschanze Holmenkollen, in deren im Sommer gefluteten Auslaufbereich diverse Veranstaltungen stattfinden.

Unterhalb der Sprungschanze das Hotel Holmenkollen, ein Holzbau im Drachenstil der Jahrhundertwende.

Der Süden

Die Küste von Oslo bis zum
südlichsten Punkt des Landes ist
wegen ihrer angenehmen Sommertemperaturen,
der Strände und der weißen Städte
als die „Norwegische Riviera“ bekannt.
Dem Küstenstreifen schließt
sich fruchtbares Land an,
das dann in die Telemark übergeht.
Die größte Stadt im Süden, Stavanger,
liegt bereits an der Westküste.

Die Gletscher der letzten Eiszeit prägten die Schärenküste. Sie haben die Granitfelsen zu kleinen Buckeln glatt gehobelt. Eine beliebte Urlaubsregion – und immer wieder das gleiche Bild: eine Bucht, ein Haus und ein Boot.

Waren früher alle Häuser bunt bemalt, so konnten sich im letzten Jahrhundert bei zunehmendem Reichtum die meisten Bewohner die teuerere weiße Farbe leisten.

Am Kap Lindesnes, dem südlichsten Punkt Norwegens, trifft die Nordsee auf das Skagerrak. Der älteste Leuchtturm des Landes (1822) ist auch bei Mondaufgang ein romantischer Platz.

Hinter der Küste befindet sich ein schmaler Streifen Farmland. Hier ist die norwegische Rosenmalerei beheimatet. Noch heute lassen sich wahre Kunstwerke auf den alten Bauernhöfen bewundern.

Der Telemarkkanal, vor über 100 Jahren vollendet, wurde zum Flößen von Baumstämmen angelegt. Nur so konnte man früher das begehrte Holz aus der waldreichen, aber unzugänglichen Hochebene der Telemark ins Tal bringen. Im Sommer befahren zwei Ausflugsschiffe den Kanal. Wie in alten Zeiten werden auch heute noch alle Schleusen einzeln von Hand geöffnet und wieder geschlossen.

Seen und Wälder bestimmen das Bild der Telemark.

Endstation der Reise ist Dalen. Das Holzhotel wurde bereits 1894 eröffnet. Die Dachfirste und Giebel sind mit Drachenformen verziert. Die Architektur der norwegischen Stabkirchen diente hier als Vorbild

Eine der schönsten Strecken im Süden ist die RV 44 (Riksveg – Reichsstraße) entlang der Küste in Richtung Stavanger. Typische Nordseeküste mit Dünen und langen Stränden wechselt ab mit kleinen Buchten, Süßwasserseen und Wald in leicht hügeliger Landschaft.

Um das Jahr 872 gewann der Wikingerkönig Harald Schönhaar mehrere Schlachten im nahegelegenen Hafrsfjord. Dieses Monument erinnert an den Sieg über die diversen Kleinstaaten, der zur ersten Reichsgründung führte. Stavanger war seinerzeit nur eine Ansammlung weniger Hütten und erlebte daraufhin seinen ersten Aufschwung.

Seinen Wohlstand verdankt die Stadt dem Heringsfang und der Fischkonservenindustrie. Als dieser Wirtschaftszweige rückläufig war, kamen 1969 gerade zur rechten Zeit die Ölfunde vor der Küste. Stavanger wurde zum Hauptquartier der Ölkonzerne und damit brach nicht nur für die Stadt, sondern für das ganze Land eine neue Ära an. Das Erdölmuseum am Hafen ist einer Ölplattform nachempfunden und erläutert anschaulich die neuere Geschichte. Zumindest symbolisch liegen also mehr als eintausend Jahre zwischen diesen beiden Aufnahmen.

Die Häuser auf der schmalen Øvre Strandgate oberhalb des Hafens stammen meist aus dem 18. Jahrhundert und stehen zum größten Teil unter Denkmalschutz.

Unten am Hafen zogen in die meisten Speicherhäuser Hotels, Restaurants und Kneipen ein. Arbeiter der Ölplattformen, Geschäftsleute und Touristen sorgen für ein lebendiges Nachtleben.

Der ehrliche Vierschilling

Es war einmal eine arme Frau, die wohnte in einer elenden Hütte. Wenig hatte sie zu beißen und gar nichts zu brennen und deshalb schickte sie ihren kleinen Buben in den Wald, um Holz zu sammeln. Unterwegs entdeckte der Junge einen großen weißen Stein. „Ach, du armer alter Stein, du frierst gewiß entsetzlich!“, sagte der Junge, zog seine Jacke aus und legte sie über den Stein. Als er jedoch nach Hause kam, da schimpfte seine Mutter ihn einen Narr und jagte ihn wieder hinaus in den Wald, seine Jacke zu holen.

Als der Junge wieder vor dem Stein stand, hatte sich dieser gedreht und unter dem Stein stand eine Kiste voller blanker Silbermünzen. Das ist gewiß gestohlenes Geld, dachte er sich, denn kein Mensch legt ehrlich erworbenes Geld unter Steine im Wald. Er nahm die Kiste und warf sie in einen Teich in der Nähe. Nur ein Vierschilling schwamm auf dem Wasser. Der ist ehrlich, dachte er, nahm ihn und ging heim. Seine Mutter – voller Zorn, als sie die Geschichte hörte – schickte ihn hinaus in die weite Welt, das er sich sein Brot selber verdiene.
Irgendwann kam er zu einem Kaufmann, für den er in der Küche arbeiten durfte. Als dieser einmal in fremde Länder reisen wollte, gab der Junge ihm seinen Vierschilling mit, mit dem Wunsch, etwas für ihn mitzubringen.
Als der Kaufmann alle Einkäufe erledigt hatte, fiel ihm der Vierschilling wieder ein. Doch alles, was er dafür am Hafen bekommen konnte, war eine Katze, die er einer Frau abkaufte, die das Tier gerade ertränken wollte.
Ein fürchterlicher Sturm trieb das Schiff zu einem Land, wo er noch nie zuvor gewesen war. Er kehrte in einem Wirtshaus ein, in dem es von Tausenden von Mäusen wimmelte, so das kein Gast in Ruhe essen konnte. „Das Essen ist eine schwere Arbeit in eurem Land“, bemerkte der Kaufmann, „warum habt ihr keine Katze?“ Doch die Leute wußten nicht, was das war. Da ließ der Kaufmann die Katze holen, die er für den Küchenjungen gekauft hatte. Die Mäuse verschwanden im selben Moment und der Mann verkaufte die Katze für 100 Taler.

Doch als der Kaufmann weiter segelte, war die Katze wieder an Bord. Ein neuer Sturm kam auf. Wieder trieb es das Schiff an einen Ort, wo er noch nie zuvor gewesen war. Wieder ging der Kaufmann in ein Wirtshaus. Hier wimmelte es von Mäusen, doppelt so groß wie beim ersten Mal. Wieder verkaufte er seine Katze, diesmal für 200 Taler.
Auch diesmal war die Katze zurück an Bord, als weiter gesegelt wurde. Gleich fing das Unwetter wieder an und erneut wurde er an ein Land verschlagen, das er nicht kannte. In diesem Wirtshaus waren es große häßliche Ratten, die die Leute am Essen hinderten. Abermals wurde die Katze vom Schiff geholt, jetzt betrug der Erlös 300 Taler.
Zurück auf seinem Schiff überlegte der Kaufmann, wieviel der Küchenjunge von dem Erlös bekommen sollte. Alles wolle er ihm nicht geben, schließlich habe er ja die Katze ausgesucht. Aber als der Kaufmann das dachte, kam ein so heftiger Sturm, das alle glaubten, das Schiff werde untergehen. Da gelobte der Kaufmann, das der Bursche alles Geld bekommen solle und das Wetter wurde gut. Als er an Land kam, gab er dem Burschen die 600 Taler und seine Tochter dazu. Denn nun war der Küchenjunge ebenso reich wie der Kaufmann, lebte in Herrlichkeit und Freude und nahm auch seine Mutter zu sich.

Die Fjorde

Wo Berge und Meer zusammentreffen entstand
eine Bilderbuchlandschaft mit den längsten und tiefsten
Fjorden Europas. An den schmalen Rändern
schmiegen sich blühende Wiesen und Obstbaumplantagen.
Weiter landeinwärts befinden sich die alten Stabkirchen.
Große Gletscher speisen reißende Flüsse und Wasserfälle.
Ganz im Westen liegt die heimliche Hauptstadt
Bergen mit dem berühmten Fischmarkt.

Von Süden kommend ist der Lysefjord der erste der großen Fjorde. Der berühmte Preikestolen (Predigtstuhl) ist der beliebteste Aussichtspunkt. Rund 600 m ragt dieser markante Felsen senkrecht aus dem Fjord.

Größte Attraktion am Ende des Lysefjords ist der Kjeragg, ein kleiner Felsen, der in einer Felsspalte fest (?) eingeklemmt ist. Genau 980 m geht es vor und hinter dem Felsen in die Tiefe – ohne Netz oder Geländer.
Schräg rechts gegenüber auf fast der gleichen Höhe stürzt einer der höchsten Wasserfälle in die Tiefe.

In 27 Haarnadelkurven windet sich die Straße hinunter zum Lysebotn, einem kleinen Ort mit Fähranleger. Je nach Wetter und Sonneneinstrahlung schimmert das Wasser von dunkelblau bis zu hellen Türkistönen. Deutlich ist rechts im Bild die Mündung eines Flusses in den Fjord zu erkennen.

Die Zauberäpfel

Es war einmal ein Bursche, der tat es immer allen anderen zuvor. Es fehlte ihm nie an Geld, das kam daher, dass er einen Beutel hatte, der nie leer war. Er hatte ein Tuch, das, sobald er es ausbreitete, mit den besten Speisen gedeckt war. Und er hatte einen Wünschelhut, der ihn an jeden gewünschten Ort brachte. Nur eine Frau hatte er nicht.

Als er eines Tages trübselig dahinging, fiel ihm ein, sich zu der schönsten Königstochter der Welt zu wünschen. Mit ihr zusammen wünschte er sich dann an das Ende der Welt. Doch die Königstochter weinte und versprach ihm Gold und Silber, wenn er sie wieder zurück bringe. „Ich habe Geld genug“, sagte der Bursche und schüttelte seinen Beutel. Er dürfe jeden Tag an des Königs Tafel speisen, versuchte es das Mädchen noch einmal. „Ich habe selber Essen und Trinken genug“, antwortete er und zeigte sein Tuch. Als sie gegessen hatten, sagte die Königstochter: „Ach, schau doch die schönen Äpfel da oben an dem Baum. Wenn du brav wärst, holtest du mir ein paar herunter!“ Der Bursche, nicht faul, kletterte hinauf. Doch die Königstochter nutzte die Gelegenheit, nahm Beutel, Tuch und den Hut und wünschte sich heim ins Schloss.

Der Bursche saß traurig unter dem Baum und probierte einen der Äpfel. Ehe er sich versah, wuchsen ihm Hörner. „Jetzt ist sowieso alles egal“, meinte er und aß noch einen. Doch jetzt verschwanden die Hörner wieder. Er steckte sich ein paar Äpfel ein und machte sich auf die Suche nach der Königstochter.

Nachdem er mehrere Jahre von Land zu Land und von Stadt zu Stadt reiste, stand er wieder vor dem Schloss. Verkleidet als Handelsmann verkaufte er einen der Äpfel an die Königstochter. Kaum hatte sie von dem Apfel gegessen, bekam auch sie Hörner. Und da war ein so jämmerliches Klagen im Schloss, dass der König verkünden ließ, wer seiner Tochter helfen könne, der solle sie und das halbe Königreich dazu bekommen. Die besten Ärzte kamen, doch niemand konnte ihr helfen. Da kam eines Tages ein fremder Doktor von weit her an den Hof. Er habe extra die lange Reise gemacht, nur um sein Heil hier zu versuchen. Aber er müsse mit der Königstochter allein sein, sagte er und das wurde ihm erlaubt.

Die Königstochter erkannte den Mann und versprach ihn zu heiraten. Da gab er ihr noch einen der Äpfel und ihre Stirn wurde wieder glatt und sie war noch schöner als in früheren Tagen.

In dem kleinen Ort Tyssedal befindet sich das gleichnamige Hotel. Lange Zeit lebte hier der Maler Nils Bergslien. Seinen Aufenthalt im Jahre 1925 hat er größtenteils mit Bildern bezahlt, die er damals direkt auf die Wände gemalt hat. Seine Motive waren das Alltagsleben, oft in Verbindung mit Fabelgestalten.

Von Tyssedal aus kann man eine Wanderung über die Hochebene der Hardangervidda unternehmen. Zum Ausgangspunkt fährt in den Sommermonaten eine kleine Bahn. Rechts neben der Schiene führt ebenfalls eine Holztreppe hinauf – mit knapp 4.000 Stufen sicherlich eine der längsten Treppen der Welt.

Der Hardangerfjord ist einer der lieblichsten Fjorde Norwegens. Der Golfstrom wirkt als zuverlässige Warmwasserheizung bis tief in das Land hinein und so befindet sich hier das größte Obstanbaugebiet des Landes. Etwa 300.000 Apfel-, Pflaumen-, Birnen- und Kirschbäume verbreiten fast südländisches Flair. Zwischen Mitte Mai und Anfang Juni blühen die Bäume und nur der Schnee in den Bergen darüber erinnert daran, dass man sich in Norwegen befindet.

Viel Platz für Landwirtschaft gibt es in den engen Tälern nicht und so wird jede halbwegs geeignete Fläche genutzt. Das Heu für den Winter wird oft noch auf traditionelle Art und Weise in mühevoller Handarbeit zum Trocknen über die aufgespannten Drahtseile gehängt.

Die Geschichte Bergens ist eng mit dem Einfluss der Kaufleute der Lübecker Hanse verbunden. Ab 1230 ausgestattet mit großzügigen Privilegien des Königs gliederten sie die Hafenstadt in ein florierendes Handelsnetz ein. Der Trockenfisch von den Lofoten wurde nach Südeuropa verschifft. Die wichtigsten Importe waren Getreide, Salz, Tuch und Wein.
Das alte Hanseviertel „Tyske Brygge“ (Deutsche Brücke) war gleichzeitig Kontor, Wohnraum und Warenlager. Hier herrschte sogar hanseatisches und nicht norwegisches Recht. Der Dreißigjährige Krieg bedeutete das Ende der Hanse. Norwegische Kaufleute übernahmen die Vormachtstellung. 1766 wurde das letzte deutsche Handelshaus aufgegeben. Die Hansesiedlung steht heute auf der UNESCO-Liste der geschützten Baudenkmäler.

„Ich komme nicht aus Norwegen, ich komme aus Bergen!“ An Selbstbewußtsein mangelt es den Bergensern auf jeden Fall nicht. Immerhin war Bergen einmal Hauptstadt des Landes – allerdings nur bis zum 14. Jahrhundert. Bis zum 19. Jahrhundert konnte man sich immerhin noch mit dem Titel „Handelsmetropole“ schmücken. Zu dieser Zeit war es übrigens einfacher London zu erreichen als Oslo.
Heute ist Bergen nur noch die zweitgrößte Stadt, aber sicher die Nummer 1, wenn es um Atmosphäre und Flair geht. Selbst Kanaldeckel sind Kunstwerke. Bergen gilt allerdings auch als „Regenhauptstadt“ des Landes.

Die Stadt verteilt sich auf sieben Hügel. Vom Hanseviertel abgesehen, befindet sich der älteste Stadtteil auf einem schmalen Höhenzug, der über enge und steile Gassen zu erreichen ist.

Die Figur am Hafen blickt auf das geschäftige Treiben auf dem Fischmarkt.

Der Fischmarkt in Bergen gehört zu den wichtigsten Stationen eines Stadtrundganges. Wie unschwer an den ausländischen Studenten als Verkäufer und an den mehrsprachlichen Hinweisschildern zu erkennen ist, umwirbt man hier Touristen, die mit den vielen Kreuzfahrtschiffen die Stadt besuchen.

FINE
KRABBE-
KLØR
Kr.50.-
Pr. ½ kg

LAKS
KR. 69,-
PR. KG

NORSKE,
SØTE JORDBÆR
40,-

Von den ehemals über 1.000 Stabkirchen („stavkirke") existieren heute nur noch ganze 32. Die meisten befinden sich in den Westfjorden und stammen aus dem 12. oder 13. Jahrhundert. Der Name kommt von der ungewöhnlichen Bauweise – „stav" bedeutet Mast oder Stab. Aufgestellte Masten umrahmen das Zentrum der Kirche und tragen das obere Satteldach. Eine Anordnung von Rahmenhölzern und Kreuzen versteift das Gefüge und macht es sturmsicher. Die kaskadenförmig angeordneten Dächer mit den Schindeln aus harzreichem Lärchenholz lassen kein Wasser durch. Tief herabgezogene Dächer schützen vor Regen und Schnee. Laubengänge, die außen herumführen, dienten dem Abstellen der Waffen. Außerdem mussten von dort die Leprakranken zuhören. Das Holz wurde regelmäßig mit Teer getränkt, dennoch fielen viele der Kirchen dem Feuer zum Opfer. Einige wurden einfach aufgegeben, andere umgesetzt, eine sogar verkauft und bis ins polnische Riesengebirge gebracht.

Die Drachenköpfe auf vielen Kirchen sind Ausdruck eines trotz Christentum fortbestehenden Geisterglaubens. Sie sollen, genau wie die Schnitzereien an den Eingangstüren, böse Geister abwehren. Die Motive stammen aus der germanischen Mythologie und zeigen miteinander verwundene Schlangen und Pferde.

Die Kirchen wurden in der Regel in abgeschiedenen Lagen zwischen den Dörfern errichtet. Oft befanden sich germanische Kultstätten in der Nähe. Die Beibehaltung der Plätze trug wesentlich zur Akzeptanz des neuen Glaubens bei der bäuerlichen Bevölkerung bei. Da die Menschen oft einen Tagesmarsch oder mehr von ihrer Kirche entfernt lebten, wurde der Kirchgang häufig mit einem Fest verbunden.

Das äußere Erscheinungsbild variiert, doch die meisten Kirchen sind sehr schlicht gehalten. Die Außenfassade der Stabkirche von Röldal ist eher unscheinbar; aber der gesamte Innenraum ist reich bemalt und verziert.

Der Sognefjord ist mit 204 km der längste Fjord Norwegens. Vom kleinen Dorf Flåm am südlichen Ausläufer des Fjords führt die Flåmbahn hinauf ins Gebirge.

Parallel zur Bahnlinie führt ein schmaler Fahrweg, der überwiegend von Radfahrern und Wanderern genutzt wird, hinauf nach Myrdal.

Sommernächte und stille Wasser und unendlich stille Wälder.
Kein Schrei, kein Schritt von den Wegen – mein Herz war voll wie von dunklem Wein. Knut Hamsun

Das Hotel Utne stammt aus dem Jahr 1722 und ist eines der ältesten Hotels in Norwegen. Ende des 19. Jahrhunderts entstanden in verschiedenen Teilen des Landes, besonders aber im Fjordland, schlossartige Hotelbauten.

In Voss wurde 1889 dieses große Hotel im Schweizer Baustil mit Türmen, Spitzen und Erkern errichtet. Die Familie Fleischer betreibt es in der fünften Generation, daher auch der heutige Name – Fleischer's Hotel.

Ein verschlafener Ort ist Balestrand. Dass hier Kaiser Wilhelm II. regelmäßig zu Gast war, spricht natürlich für das Kvikne's Hotel, das direkt am Wasser liegt. Unerschöpflich der Reichtum an Schnitzereien und Kostbarkeiten im gediegenen Speisesaal oder im großen Salon.

Hotel Union Oye – auch hier verkehrte gleich nach der Eröffnung im Jahre 1891 eine anspruchsvolle Gesellschaft. Die Aristokratie und Oberklasse Europas war auf der Suche nach neuen, landschaftlich schönen und spannenden Reisezielen.

POTTER'S
Kafe & Konditori

Lærdal lag vom Mittelalter bis zur Fertigstellung der Bergenbahn an der klassischen Reiseroute zwischen Oslo und Bergen.
Bereits um 1830 machten die ersten Touristen Station in dem engen Tal.
Es waren englische Adelige, die von den besten Lachsflüssen im Lande angelockt wurden. Ein paar Jahre früher wurde dieses schneeweiße Hotel in Husum, einige Kilometer vor Lærdal gelegen, errichtet.
Erst im Jahre 1901 erreichte zum ersten Mal ein Automobil von Oslo aus den Ort. Wie in anderen Regionen sind auch hier viele der alten Straßen, Brücken und Pfade erhalten geblieben, ja werden sogar teilweise gepflegt und instandgesetzt.

Im Gischt der Wasserfälle entsteht oft eine märchenhafte Landschaft.

Am Tvinnefoss.

Die unglaublich saubere und klare Luft sowie fehlender Größenvergleich machen es teilweise schwierig, Entfernungen richtig einzuschätzen. Auch hier zeigen erst die Kühe auf der Weide die Dimension der Felswand auf.

Das Bergland oberhalb der Waldgrenze wird unabhängig von der Höhe als „Fjell“ bezeichnet. Der Begriff ist zwar mit dem deutschen Wort „Feld“ verwandt, bezieht sich aber auf ein Gelände, in dem keine landwirtschaftliche Nutzung mehr möglich ist.

Auch im Juni sind viele Straßen oft noch fest im Griff des Winters. Schneefräsen schneiden sich ihren Weg durch den zu Eis zusammen gepressten Schnee der letzten Monate. Zwar ragen die Schneewände dann noch gut vier bis fünf Meter auf, aber die Straßen sind wieder gefahrlos befahrbar.

Die Reichsstraße 5, eine der schönsten Passstraßen Norwegens, erschließt die hochalpine Landschaft des Jotunheimen-Nationalparks. Unten der immer kleiner werdende Fjord, oben eine von Gletschern geprägte Welt. Die Zweitausender, unter ihnen der Galdhøpiggen (mit 2.469 m der höchste Berg Norwegens), sehen aus wie die höchsten Berge in den Alpen. Der Jostadalsbreen ist der größte Gletscher des europäischen Festlandes.

Auf dem Weg zum Fjord aller Fjorde – dem Geiranger.

Schwer zu glauben, dass sich auf Felsvorsprüngen oder auch am Fuße der Wand Reste von Gehöfen befinden, die noch bis zur Mitte des Jahrhunderts bewirtschaftet waren. Einige der Häuser waren nur über Leitern zu erreichen. Die Kinder mußten angebunden werden, damit sie nicht hinunterstürzen konnten. Es gab aber auch Vorteile – bei ungebetenem Besuch konnte man die Leitern einfach einziehen und war so unerreichbar.

Den Wasserfällen gab man originelle Namen – der bekannteste heißt „Sieben Schwester", gegenüber der „Brautschleier".

Wasserfälle, die wild schäumend die Berglehnen herabstürzen, als wären sie außer sich vor Freude darüber, dass das Eis geschmolzen ist. Im Licht glitzernd Milliarden Diamanten auf ihrem Weg zum Meer. Liv Ullman

Interessante Felsformationen haben die Gezeiten aus dem harten Stein modelliert. Dieser Felsen ist etwa drei Meter hoch und nur bei Ebbe zugänglich.

Speicher und Lagerhäuser, wie man sie in allen Häfen an der gesamten Küste findet.

Der kleine Fischerort Kalvåg.

Große Anstrengungen werden unternommen, um die Landflucht zu bekämpfen. Entscheidend für den Erfolg ist neben der Versorgungslage auch die Erreichbarkeit der abgelegenen Gebiete. Mit viel Aufwand werden immer mehr Inseln an das Straßennetz angeschlossen. Diese gewaltige Brücke verbindet Runde, eine Insel mit etwa 180 Einwohnern, mit dem Festland. Mit großem finanziellen Aufwand verhindert man so, dass ganze Landstriche entvölkert werden und Geisterdörfer zurückbleiben. Die Fähren sind im Fjordland dennoch nicht wegzudenken. Sie verkehren zuverlässig und pünktlich bei jedem Wetter.

Das Problem existiert aber auch an der Küste, wo dieses schöne Holzhaus bereits verlassen wurde. Die Schnitzerei im Giebel ist eine schöne Überleitung zur Insel Runde, dem südlichsten Vogelfelsen Norwegens.

Mehrere hunderttausend Vögel, verteilt auf 245 Arten, brüten in den steilen Felstürmen. Die Lieblinge der Touristen sind die Papageitaucher, aus deren bunten Schnäbeln die Fische für den Nachwuchs heraushängen. Sie brüten in der obersten Etage der Felsen in tiefen Höhlen unter der Grasnarbe.

Ålesund gilt als die Jugendstilstadt Norwegens. Am 23. Januar 1904 brach ein verheerendes Feuer in der Innenstadt aus, die damals komplett aus Holz errichtet war. Nahezu die gesamte Stadt lag in Schutt und Asche, 10.000 Menschen waren obdachlos. Da dies nicht zum ersten Mal geschah, erließ man ein Gesetz, das den Bau von Häusern aus Stein vorschrieb. In wenigen Jahren wuchs Ålesund zur damals modernsten Stadt Norwegens. Vom Hausberg Aksla ist deutlich zu erkennen, dass sich die Stadt inzwischen über mehrere Inseln ausgebreitet hat.

Verschlungende Verzierungen in der Innenstadt von Ålesund.

Tunnel und Brücken verbinden auch die Inseln, auf denen sich Kristiansund befindet. Direkt am Meer gelegen ist der Ort auch ein Anlaufpunkt für Kreuzfahrtschiffe, die die Häuser an der Hauptstraße oft deutlich überragen.

Durchaus ernst zu nehmen sind die beiden Verkehrsschilder. Die Trolle, jene Sagengestalten, die beim Kontakt mit Tageslicht zu Stein erstarren, sind ja eigentlich in ganz Norwegen anzutreffen. An diesem Pass, der ihren Namen trägt, kann man ihnen vielleicht häufiger begegnen – das gilt auf jeden Fall für die Trollfiguren bei den zahlreichen Souvenirständen.

Auch kurvige Straßen sind im Fjordland nichts Ungewöhnliches. Die 11 Haarnadelkurven des Trollstigen haben es in sich. Mit einem Radius von 10 Metern kommen besonders Fahrer größerer Wohnmobile ins Schwitzen. An einigen Stellen lässt die Straße keinen Gegenverkehr zu und man muss zu nächsten Ausweichstelle zurückrangieren.
Im Jahre 1925 wurde mit dem Bau der Strasse begonnen. Vorher führte nur ein Gebirgspfad über den Pass.
Der Pfad ist heute noch als Wanderweg erhalten. Ungefähr 850 m beträgt der Höhenunterschied. Nach 11 Jahren Bauzeit wurde die Straße 1936 vom norwegischen König eröffnet und entwickelte sich bald zu einer populären Touristenroute.

Die Trollhochzeit

Es war einmal in einem Sommer vor langer, langer Zeit, da zogen die Leute mit ihrer Herde wie jedes Jahr zur Alm hinauf. Aber sie waren noch nicht lange oben, da fingen die Tiere an so unruhig zu werden, das es rein unmöglich war, sie in Ordnung zu halten. Viele Mädchen versuchten sie zu hüten, aber nur eine schaffte es. Das Mädchen blieb alleine oben und hatte kein anderes Wesen bei sich als einen Hund. Als sie dann eines Tages in der Hütte saß, da schien es ihr, als ob ihr Schatz käme und sich neben sie setzte und davon anfing, das sie jetzt Hochzeit feiern wollten. Aber sie blieb ganz still sitzen, denn er kam ihr so wunderlich vor. Nach und nach kamen immer mehr Leute herein und die begannen die Tische zu decken und Speisen aufzutragen. Brautjungfern brachten eine Krone, Schmuck und ein schönes Brautkleid. Es schien ihr auch, als ob sie alle Leute kennt, die da waren, nur der Hund hatte gemerkt, das da etwas nicht geheuer war. Er rannte ins Dorf hinunter und ließ den Leuten keine Ruhe, bis man ihm folgte. Der Bursche, dem sie versprochen war, nahm seine Flinte mit und stieg hinauf zur Alm. Durch einen Spalt sah er, wie alle beisammen saßen. Es war ganz klar, das das Trolle und Unterirdische waren und deshalb feuerte er seine Büchse über dem Dach ab. Die Tür flog auf und als er hineinkam, da saß sie im vollen Brautstaat und es fehlte nur noch der Ring am Finger, so wäre sie fertig gewesen. „Was um Himmels willen, was ist hier los?“ rief er, als er sich umsah. Alles Silberzeug stand noch auf dem Tisch, aber all die schönen Speisen waren zu Moos, Pilzen, Kuhmist, Kröten und Fröschen geworden. „Was bedeutet das alles? Du hast doch eben noch neben mir gesessen und den ganzen Nachmittag von der Hochzeit gesprochen!“, sagte das Mädchen. „Nein, ich bin ja eben erst gekommen. Das muß wohl einer gewesen sein, der meine Gestalt angenommen hat.“

Da kam sie allmählich wieder zu sich und erzählte, das sie steif und fest geglaubt habe, er selbst und die ganze Verwandtschaft sei dagewesen. Er nahm sie gleich mit ins Dorf und damit sie kein solches Teufelszeug mehr zu fürchten hätte, hielten sie Hochzeit, während sie noch das Brautkleid der Unterirdischen anhatte.

Zentral- und Ostnorwegen

Die größten Seen und Wälder des Landes, sowie weite Hochebenen bestimmen die Landschaft im Zentrum Norwegens. Gleichzeitig ist das Gubrandsdal nicht nur schon seit Menschengedenken der wichtigste Verbindungsweg zwischen Oslo und Trondheim, sondern auch der am dichtesten besiedelte Landesteil. Jahrhundertealte Höfe zeugen von der intensiven landwirtschaftlichen Nutzung der Region.

Auf dem größten See des Landes verkehrt seit 1856 der „Weiße Schwan“, wie der Raddampfer „Skibladner“ liebevoll genannt wird. Das Schiff gilt als der älteste noch im Liniendienst stehende Raddampfer der Welt.

Von dem 1152 errichteten Bistum in Hamar ist leider nicht mehr viel übrig. 1567 brannte die Kirche nieder und stürzte ein. Die elegante Schutzkonstruktion hat in etwa das Format und Ausmaß des historischen Kirchenbaus – eine spektakuläre Verbindung von Mittelalter und zeitgenössischer Kunst.

Der Ort erhielt erst im Jahre 1827 Stadtrecht – mit gerade mal 50 Einwohnern. Aber bereits 1894 fanden die ersten Wintersportler den Weg nach Lillehammer. Als genau 100 Jahre später die Olympischen Spiele hier stattfanden, wurde die Stadt weltbekannt. Heutzutage sind es hunderttausende, die in der Wintersaison anreisen.
Zumindest die Bobbahn kann man auch im Sommer ausprobieren. Einige Bobs wurden auf Räder gestellt und die Höchstgeschwindigkeit liegt nur knapp unter der im Winter.

Der originalgetreue Nachbau der Haupteinkaufsstraße – genannt „Lilleputthammer".

Eine mehr als ungewöhnliche Felsformation: Sie kann nur in Gebieten (mit entsprechenden Bodenverhältnissen) entstehen, die sich durch kurze, aber heftige Regenschauer auszeichnen. Die großen Steine schützen das direkt unter ihnen liegende Erdreich vor den Regenfällen und damit vor der vernichtenden Erosion.

Die Kirche in Lom, ganz in der Nähe der Geburtsort von Knut Hamsun.

Die Stabkirche von Ringebu wurde im 13. Jahrhundert errichtet, 1630 aber komplett umgebaut. Die Kirche ist immer noch die Hauptkirche des Pfarrbezirks, obwohl sich der Ort heute einige Kilometer entfernt befindet.

Das Gudbrandsdal ist einer der fruchtbarsten Landesteile. Sowohl im Tal als auch an den Bergflanken befinden sich seit Jahrhunderten alte, landwirtschaftliche Betriebe, die heute teils unter Denkmalschutz stehen.
Das „Tal der Täler" ist aber auch eine wichtige Kulturlandschaft. Die Nobelpreisträgerin Sigrid Undset beschreibt in ihren Romanen das Leben der Menschen im Mittelalter und Henrik Ibsens „Peer Gynt" spielt ebenfalls hier.

Scheinbar unendliche Wälder, fischreiche Seen und karge Hochflächen kennzeichnen diese einsame Region an der Grenze zu Schweden, die für Naturliebhaber sommers wie winters viele Möglichkeiten bietet. Angeblich gibt es hier mehr Elche als Einwohner.

Hundeschlittentouren – eine der besten Möglichkeiten, das Land im Winter kennen zu lernen.

Gebt mir Hunde, gebt mir Schnee,
den Rest könnt ihr behalten!

Roald Amundsen

Der Rondane-Nationalpark ist einer der ältesten Nationalparks Norwegens. Es fällt weitaus weniger Niederschlag als im Westen. Die Berge sind oft von Rentierflechte überzogen.

Mehr als 300 Jahre lebte Røros vom Kupfererz. 1977 ging die Kupfergesellschaft in Konkurs. Der Ort lebt heute von der Holzverarbeitung und vom Tourismus.
Die meisten Häuser stehen unter Denkmalschutz, sind aber trotzdem bewohnt. Røros steht auf der World Heritage Liste der UNESCO.

Wollte man in früheren Jahrhunderten von Oslo zum Dom in Trondheim, dann war die Hochebene Dovre das schwierigste Teilstück des Weges. Da fast alle Könige diesen Weg zur Krönung zurücklegen mussten, wurde er bald Königsweg genannt. Heute ist der Pilgerpfad ein beliebter Wanderweg.

In der Saga der Magnussöhne sagt König Oystein (Herrschaft 1103-23) zum Kreuzfahrer Sigurd I.:
In Dovre habe ich Berghütten errichten lassen. Dort sind viele Reisende früher erfroren. Vielleicht ist das nur eine Kleinigkeit, aber dem norwegischen Volk ist besser damit gedient, als wenn du in Sarazenenland Mohren abschlachtest und sie zur Hölle schickst.

Der Gebirgsgasthof Kongsvoll diente schon vor Jahrhunderten als Zwischenstopp auf der mühevollen Reise von Oslo zum Trondheimer Dom. Heute liegt das Hotel mitten im Nationalpark. Allein das Essen ist die Anreise wert. Fast alles wird selbst gebacken, gesammelt oder geschossen. Den Abend lassen die Gäste dann im blauen Salon oder im Kaminzimmer ausklingen.

Die Geschichte vom Schmied, den der Teufel nicht in die Hölle lassen wollte

In jenen Zeiten, als der Herr Christus und St. Petrus noch auf Erden wandelten, kamen sie zu einem Schmied. Der hatte mit dem Teufel einen Vertrag geschlossen, das er ihm nach sieben Jahren gehören wolle, aber in der Zeit werde er der Meister über alle Meister der Schmiedekunst sein. Als nun in Pferd gebracht wurde, das frisch beschlagen werde sollte, bat Herr Christus, es zu probieren und der Schmied ließ ihn gewähren. Er ging hinaus, nahm dem Pferd die Beine ab, beschlug sie und setzte sie ohne Schaden wieder am Pferd an. Der Schmied staunte nicht schlecht und beim nächsten Pferd versuchte er es auf die gleiche Art und Weise. Aber es kam, wie es kommen mußte, die Beine verbrannten und der Schmied mußte das Pferd bezahlen.

„Was für eine Schande, das der Teufel sein Wort nicht hält“, bemerkte Herr Christus und gab dem Schmied drei Wünsche frei. „Ich wünsche mir, dass der, den ich auf diesen Birnbaum klettern lasse, oben bleiben muß, bis ich ihn herunterkommen lasse; zum zweiten, dass der, den ich in jenen Lehnstuhl sitzen lasse, dort sitzen bleiben muß; und zum dritten, dass der, der in meinen stählernen Geldbeutel kriecht, nicht heraus kann, bis ich ihn heraus kriechen lasse.“

So verging die Zeit und der Teufel kam, um den Schmied zu holen. „Pflücke dir eine Birne, denn du bist wohl hungrig von der Reise“, begrüßte der Schmied ihn. Hinunter ließ er ihn aber erst wieder, als der Teufel versprach, erst in vier Jahren wiederzukommen.

Wie vereinbart kam der Teufel nach vier Jahren zurück. „Ruhe ein wenig im Lehnstuhl aus, denn du bist wohl müde von der Reise“, begrüßte der Schmied ihn diesmal. Nach dem Versprechen, dem Schmied weitere vier Jahre Aufschub zu gewähren, kam er wieder frei.

„Die Leute erzählen, dass du dich so klein machen kannst, wie du willst“, begrüßte der Schmied ihn beim dritten Mal. „Ich glaube, mein stählender Geldbeutel hat ein Loch, ich könnte mein Reisegeld verlieren.“ Der Teufel kroch hinein, der Schmied legte den Beutel in die Esse und machte ihn glühend. Der Teufel schrie und versprach, nie wieder zu kommen, wenn er ihn heraus ließe.

Als einige Zeit vergangen war, kam es dem Schmied in den Sinn, dass es vielleicht nicht klug war, sich dem Teufel zu entzweien. „Denn wenn ich nicht in den Himmel komme, so könnte es mir passieren, dass ich kein Unterkommen fände, weil ich mich mit dem, der das Regiment in der Hölle führt, überworfen habe“, dachte er und machte sich auf den Weg. Vor der Höllenpforte trug er der Wache auf, er wolle mit dem Teufel sprechen: „Hier ist der Schmied, der mit dem Beutel, er wisse schon.“ Als der Teufel die Nachricht bekam, ließ er alle neun Schlösser an der Höllenpforte zuschließen, „denn wenn der hereinkommt, so richtet er nichts als Unfug in der ganzen Hölle an.“ Und so machte sich der Schmied auf den Weg zur Himmelspforte.

Mittelnorwegen

Von Trondheim bis weit nördlich des Polarkreises nach Narvik, reicht dieser Abschnitt. Das Land wird immer schmaler und ist an der engsten Stelle nur noch sechs Kilometer breit. Zwei sehr unterschiedliche Straßen führen dort nordwärts: Die Europastraße 6 führt über kahle Hochebenen durch das Inland und die RV 17 verläuft von vielen Fähren unterbrochen entlang der Küste.

Wenn Bergen die „heimliche“ Hauptstadt ist, dann ist Trondheim die historische. Von Olav I. im Jahre 997 gegründet, entwickelte sich Nidaros, wie der Ort genannt wurde, im Mittelalter zur Königsstadt.
1778 entstand ein Palast mit 100 Zimmern, der von außen eher schlicht, aber innen prachtvoll eingerichtet ist. Das zweistöckige Gebäude gilt als der größte Holzpalais Skandinaviens und dient auch heute noch bei Besuchen der Königsfamilie als Residenz.
Einige Räume können besichtigt werden, unter anderem das Krönungszimmer mit den Stühlen, auf denen das königliche Paar bei der Zeremonie sitzt.

1152 wurde Trondheim zum Sitz des norwegischen Erzbischofs und bald gingen berühmte Baumeister aus ganz Europa daran, einen Dom zu errichten, der 1320 fertiggestellt wurde. Im Laufe der Jahrhunderte brannte der Dom mehrmals bis auf die Grundmauern ab. Die markanten Figuren an der Westfront sind eine Besonderheit.

Trondheim ist für diejenigen, die in Richtung Norden weiterreisen, für lange Zeit der letzte Ort, der über ein umfangreiches Kulturangebot, sowie über Nachtleben, originelle Cafés, Bars und Restaurants verfügt.

Das Britannia ist das eleganteste Hotel der Stadt. Die Bar des Hotels ist ein beliebter Treffpunkt.

Start zu einem Langstreckenlauf, der bis nach Schweden führt.

Nach der Reformation ging es mit der Stadt bergab, doch dank der strategisch günstigen Lage am Fjord und nahe der Grenze zu Schweden versank sie nicht in der Bedeutungslosigkeit, sondern entwickelte sich zum Handelszentrum der Region.

Historische Brücke und alte Speicherhäuser am Fluss Nidelva.

Der Bahnhof

Moderne Speicher

Hinter Trondheim muss man sich entscheiden, ob man der gut ausgebauten Europastraße 6 folgt oder auf der kurvenreichen Küstenstraße mit ihren Brücken und Fähren entlang fährt.

Die heute auf 112 m Höhe gelegene Höhle befand sich früher auf Meeresniveau. Die Meeresbrandung höhlte den Felsen aus, so die heutige Erklärung.
Seit Jahrhunderten ist der Felsen Ausflugsziel für Könige, Kaiser und Touristen. Ein Wanderweg führt um den Torghattan herum und zur Höhle hinauf. Sie ist ca. 160 m lang, 25 m breit und bis zu 50 m hoch. Da sie leicht ansteigt, ist sie nicht von der Küstenstraße, sondern nur von der Meerseite aus einsehbar.

Torghattan

Es war einmal zwei Könige, der auf den Lofoten herrschende Vagallen und der bei Fauske residierende Sulitjelma. Der hatte einen ungestümen Sohn mit Namen Hestmann (Pferdemann) und der andere sieben wilde Töchter, die eines Tages zum Baden an die Küste reisten. Dort trafen sie das Mädchen Lekamoya, in das der Hestmann schon seit langem verliebt war. Als er sie sah, geriet sein Blut in Wallung und er beschloß, sie zu rauben. In voller Rüstung stürmte er um Mitternacht auf seinem Roß über den Fjord hinweg. Als die Mädchen ihn sahen, flüchteten sie nach Süden zur Insel Alsten, wo sich die sieben Prinzessinnen erschöpft niederwarfen. Lekamoya aber flüchtete weiter in das Reich des Königs von Somna, der die Hetzjagd beobachtete und mit ansehen mußte, wie der Hestmann, von seiner Geliebten verschmäht, einen Pfeil auf seinen Bogen legte, um sie niederzustrecken. Um dies zu verhindern, warf er seinen Hut dazwischen, und so geschah es, dass der Pfeil den Hut durchbohrte, der bei Torgar genau in dem Moment niederfiel, als die Sonne aufging, die alles zu Stein erstarren ließ.
Der Hut ragt seit jener Zeit als Torghattan aus dem Meer und die sieben Schwestern bilden einen Gebirgsstock bei Sandnessjoen.

Der Svartisen ist der zweitgrößte Gletscher. Einzelne Gletscherarme, so zum Beispiel der Engabreen, reichen fast bis ans Meer. Zu Zeiten seiner größten Ausdehnung um etwa 1750 sollen mehrere Gletscherzungen bis ans Wasser gereicht haben.

Zahlreiche Brücken und Tunnel befinden sich auf der Strecke, wobei die Helgelandbrücke die größte und wohl auch schönste ist. Sie wurde bereits für ihr Design ausgezeichnet.

Richtung Norden ist Bodø die größte Stadt und liegt bereits nördlich des Polarkreises. Da es hier im Winter draußen nicht nur ungemütlich sein kann, sondern für einige Wochen bis auf eine Dämmerungsphase um die Mittagszeit auch dunkel bleibt, ist die einzige Shoppingmall der Stadt ein beliebter Aufenthaltsort.

NO FOTO!

Die ungeheure Kraft von Ebbe und Flut presst das Wasser viermal am Tag durch diese schmale Meerenge in der Nähe von Bodø. Rund 35 km/h beträgt die Geschwindigkeit zu den Spitzenzeiten und der Saltstraumen gilt als einer der größten Gezeitenströme der Welt. Da hier der Meeresboden abrupt ansteigt, entstehen Strudel, Wirbel und Strömungen, die sich ständig verändern. Das hochgespülte Plankton und Kleinstlebewesen locken Schwärme von Möwen, Fischen und – Anglern an.

Norwegen ist ein Anglerparadies. Das gilt sowohl für die Küste als auch für die über 200 Lachsflüsse. Für Nichtangler bietet sich der Besuch diverser Meeresaquarien an. Außerdem kann man an einigen Flüssen den Lachsen beim Erklimmen der Staustufen zuschauen.

So wie auf der Küstenstraße wird natürlich auch auf der Europastraße 6 der Polarkreis überquert. Da dies auf der RV 17 allerdings während einer Fährfahrt passiert, kann nur auf der E 6 das obligatorische Foto vor dem Polarzirkelzentrum gemacht werden.

Die Europastraße 6 wird immer wieder als „Nordkap-Autobahn" bezeichnet, doch lohnt es sich, Abstecher zu machen. Eines der schönsten Gebiete ist zweifellos der Rago Nationalpark, der einen Querschnitt durch unberührte Nordland-Landschaft bietet.

Als ich Bootsleute haben wollte, konnte ich keine auftreiben. Sie standen wohl in Henriksens Laden und trieben sich auf der Brücke herum, mit den Händen in den Taschen. Segeln wollten sie, aber es gab keinen Wind, und rudern wollten sie nicht. Ich erkannte meine Landsleute wieder … Roman „Kinder ihrer Zeit“ von Knut Hamsun

Die Handelsstation war im 19. Jahrhundert eine der reichsten in Norwegen. Die historischen Gebäude sind fast vollkommen erhalten. Knut Hamsun lebte dort in jungen Jahren einige Zeit und wählte den Ort mehrfach als Vorlage für seine Romane. Auch für seine Romanverfilmungen wurde diese natürliche Kulisse genutzt.

Eine interessante Beschreibung der Mitternachtssonne stammt von Domherr Adam von Bremen. Er schrieb über die südlich gelegene Provinz Helgeland im Jahre 1072, zu einer Zeit, als man ja noch glaubte, dass sich die Sonne um die Erde dreht:

Eine dritte Insel, näher bei Nortmannia, ist Helgeland. Sie sieht im Sommer zur Zeit der Sonnenwende 14 Tage lang die Sonne über der Erde und dementsprechend bekommt sie im Winter die Sonne ebenso viele Tage überhaupt nicht zu sehen. Das ist für die Barbaren unerklärlich, wissen sie doch nicht, dass die ungleiche Tageslänge von der Sonnenferne abhängt. Da der Erdkreis rund ist bringt die Sonne zur Sommersonnenwende den Leuten im Norden längere Tage und kürzere Nächte, beim Absteigen zur Wintersonnenwende bewirkt sie das Gleiche für die Menschen im Süden. Das wissen die Heiden nicht, und so nennen sie dieses Land heilig oder selig, weil es den Menschen ein solches Wunder darbietet.

In der Nacht ging die Galeasse Funtus im Fjord draußen unter. Es war so merkwürdig, ja wie ein schlimmes Wunder. Es geschah sogar in der Morgendämmerung und während eines halbstündigen Schneegestöbers; aber danach war alles wieder klar, und es wurde rasch hell. Aber es herrschte ein großer Sturm. Der Leuchtturmwärter hatte von seinem Turm aus das Ende der Katastrophe gesehen: einige der Leute hatten sich in die zwei kleinen Boote gerettet; aber der Schiffer Ole Menneske und seine Frau kamen um. Zynisch schloss der Leuchtturmwärter seinen Bericht: Jaja, die Bramaputra war zu ihren Lebzeiten ein lebhaftes und gutmütiges Ding gewesen und jetzt ist sie mit Mann und Maus untergegangen.

Hartvigsen war anfangs sehr erschüttert: zwei Menschen waren umgekommen, die in seinem Dienst gestanden hatten, und er hatte Schiff und Last verloren! War es nicht auch wie eine besondere Rache, Vernichtung und Schaden für seine Geschäftsklugheit? Zur Hölle damit! Und zum Teufel, was hatte die Galeasse westlich vom Leuchtturm zu suchen? Das Schneegestöber? Jawohl, aber es waren doch nur ein paar Schauer gewesen: der Leuchtturm war doch eine ganze Stunde vor dem Unglück zu sehen gewesen, und es hatte viele lichte Augenblicke gegeben! Hartvigsen grübelte darüber nach und vertiefte sich darin und fluchte derb. Nein, der Ole Menneske war nicht gescheit genug, sagte er. Und zum Teufel, wozu musste er ein Frauenzimmer an Bord haben? Roman „Rosa“ von Knut Hamsun

Narvik ist Endstation der nördlichsten Bahntrasse der Welt. Per Bahn ist die Stadt allerdings nur über die ca. 170 km entfernte schwedische Stadt Kiruna zu erreichen.
Bei Kiruna befindet sich eine der größten Eisenerzminen, Narvik verfügt über einen ganzjährig eisfreien Hafen – die perfekte Kombination.
Mit 19.000 Einwohnern ist Narvik heute ein wichtiger Verkehrsknotenpunkt.

Jeder würde Norwegen als den landschaftlichen Höhepunkt preisen, läge es unter dem strahlenden Licht der südlichen Sonne.
Gerhard Eckert

Die Farben des Herbstes auf dem Weg von Narvik zur schwedischen Grenze

Lofoten & Vesterålen

„Inseln des Lichts“ oder „Inseln der Götter“
sind nur zwei Beinamen der Lofoten.
Die ständig wechselnde Kulisse aus bizarren Bergen,
die direkt aus dem Meer aufsteigen,
idyllischen Fischerdörfern und Traumstränden
werden jeden in seinen Bann ziehen.
Etwas ruhiger geht es auf der benachbarten
Inselgruppe der Vesterålen zu: Weite Moore
und Landwirtschaft im Innern wechseln
schnell mit schroffen Küstenbereichen.

Die Inseln Røst (eigentlich eine Inselgruppe mit 365 Inseln) und Værøy liegen vor der Südspitze der Lofoten. Sie sind jeweils von ca. 700 Menschen bewohnt, die überwiegend von der Fischerei leben.

Vestfjord nennt man den Teil des Atlantiks, der sich wie ein Keil zwischen die Inseln der Lofoten und das Festland schiebt. Ganz im Süden, vom offenen Meer umgeben, liegen Værøy und Røst. Diese berüchtigten beiden Inseln bilden zusammen eine Pfarrgemeinde, und hierher werden junge Theologen mit schlechten Prüfungsnoten verwiesen.

Vincent S. Lerche, auf der Norwegenreise von König Oscar II. im Jahr 1873

Der Hauptort Sorland liegt in einer flachen Bucht. Die felsige Außenseite der Insel Værøy ist das Reich der Seevögel, deren Eier früher den Speiseplan bereicherten.

Der alte Leuchtturm an der Hafeneinfahrt ist heute das Wahrzeichen von Værøy. Er wurde 1880 fertig gestellt und war das erste gemauerte Haus auf der Insel.
In der Hochsaison werden beide Inseln täglich per Autofähre mit den Lofoten und dem Festland verbunden.

Der liebevoll angelegte und gepflegte Garten in Sorland ist vielleicht der schönste in ganz Nordnorwegen. Der Kontrast zu den schroffen Felswänden und der baumlosen Insel könnte kaum größer sein. Das Klima ist jedoch überraschend mild und vor 3.000 Jahren soll die gesamte Insel bewaldet gewesen sein.

Die Insel Utrøst

Auf Værøy wohnte einst ein armer Fischer, der hieß Isaak. Er hatte nichts als ein Boot und ein paar Ziegen, aber seine ganze Hütte hatte er voll hungriger Kinder. Eines Tages war Isaak ein paar Meilen zum Fischen aufs Meer hinausgerudert. Da kam auf einmal ein dunkler Nebel heraus und ein solcher Sturm brach los, dass er alle Fische wieder über Bord werfen musste, um das Schiff leichter zu machen und sein Leben zu retten. Stundenlang spielte das Meer mit dem Boot, ehe er endlich auf eine Insel zusteuerte. Zwischen Hügeln stand eine kleine Hütte. Auf dem torfbelegten Dach weidete eine weiße Ziege mit vergoldeten Hörnern, vor der Tür saß ein kleiner blaugekleideter Mann auf einem Holzstuhl und schmauchte ein Pfeifchen.

„Willkommen auf Utrøst. Du willst wohl heute hier übernachten?“, sagte der Mann. „Das wäre schön, Vater“, antwortete Isaak. Sie gingen ins Haus und Isaak kam von einem Erstaunen ins andere. Der Tisch war mit den prächtigsten Gerichten gedeckt und der Teller wurde nie leer, egal wie viel Isaak auch aß.

Als Isaak am nächsten Tag heimfahren wollte, schenkte ihm der alte Mann ein neues Fischerboot und viele nützliche Dinge. Er lud ihn ein, doch im nächsten Frühjahr mit ihm nach Bergen zu kommen, um dort seine Fische zu verkaufen. Isaak dankte vielmals, fuhr guten Mutes nach Hause, doch als er sich umschaute, sah er kein Utrøst mehr, er sah nichts als das Meer weit und breit.

Als es Zeit war, machte sich Isaak mit seinem Fang auf den Weg. Er erreichte das Schiff, das ihn nach Bergen bringen sollte und legte seine Fische auf die Ständer im Vorderteil. Er verkaufte seine Fische in Bergen, konnte aber nicht begreifen, wie es zuging, denn immer kamen wieder neue Fische auf die Ständer, soviel er auch wegnehmen mochte. Er bekam so viel Geld dafür, dass er sich ein größeres Boot mit allem, was dazugehört, kaufen konnte, denn der Mann riet ihm dazu. „Alles ist gut und alles hält, was in die Luft ragt“, sagte er und meinte damit, es sei einer an Bord, den niemand sehe, der aber den Mast mit seinem Rücken stütze, wenn es nötig sei.

Isaak hatte seit dieser Zeit immer Glück. Er merkte wohl, wo das herkam und vergaß niemals dem, der die Winterwacht hielt, etwas Gutes herzurichten, wenn er das Boot im Herbst aufs Trockene zog.

Zwischen Værøy und der Südspitze der Lofoten befindet sich der Mahlstrom oder Moskenesstraumen, ein Gezeitenstrom, ähnlich dem Saltstraumen bei Bodø. Durch die 60 m tiefe Meeresenge zwängen sich die Wassermassen in den 900 m tiefen Vestfjord. Schon seit jeher fürchten die Fischer das Gewässer. Heute werden Schlauchbootfahrten um die Südspitze herum auf die Westseite der Lofoten angeboten.

MAHLSTROM! Wir waren also an der gefährlichsten Stelle des Meeres vor der norwegischen Küste, wo ein gigantischer Wasserwirbel alles in die Tiefe reißt, was in seine Kreisbewegungen geriet … Dem ist noch nie ein Schiff entkommen, durchfuhr es mich, ein 15 km breites saugendes Feld, entstanden aus den Strömungen, die hier zusammenfließen, Schiffe verschlingen, Wale und Eisbären …

Jules Verne, 1870

… laute und stetig wachsende Töne des Meeres, ähnlich dem Urgebrüll einer Riesenherde von Büffeln. Und da ich noch schaute, nahm diese Strömung eine reißende Geschwindigkeit an. Jeder Augenblick vermehrte ihre Eile. Innerhalb von fünf Minuten war die ganze See zu unbezwinglicher Wildheit aufgepeitscht.

Roman „Sturz in den Mahlstrom“ von Edgar Allan Poe, 1910

Å ist der letzte Buchstabe im norwegischen Alphabet, der kürzeste Ortsname der Welt und das südlichste Dorf auf den Lofoten. Vermutlich alles Gründe, warum immer wieder das Ortsschild verschwindet. Zwischenzeitlich hat man es dann einmal mit einer längeren Version versucht, inzwischen steht aber wieder einfach nur „Å“ am Ortseingang.

Das Dorf befindet sich seit 1843 in Besitz der Familie Ellingsen, die zu einer der mächtigsten Großgrundbesitzer auf den Lofoten wurde. In dem zum Beginn des 20. Jahrhundert erbauten Wohnhaus befindet sich heute ein Café.

Die meisten der 23 Gebäude, die heute zum Norwegischen Fischereimuseum gehören, stammen noch aus dem 19. Jahrhundert und sind in dem typischen Rot angestrichen.
Neben dem Erhalt der Häuser ist das Bewahren der Kultur und der Arbeitsweisen der Fischer ein wesentliches Ziel der Museumsarbeit.

Der nur fünf Meter tiefe See liegt knapp oberhalb von Å. Früher musste das Wasser für Menschen und Tiere in Eimern von hier geholt werden. Auch die Wäsche wurde im See gewaschen.

Im Fährhafen von Moskenes liegen wie in den alten Zeiten die Fischerboote vertäut.

Weiter im Süden muß man tausend Meter hinauf, um Berge zu finden. Auf den Lofoten stehen die Berge bis zum Knie im Meer. Es ist, als würde man durch Jotunheimen segeln. Pal Espolin Johnson

Wenn es etwas auf der Welt gibt, das den Leuten das Fett aus dem Körper treibt, so muss es die Vermessung der Lofot-Berge sein.

Hilmar Borchgrevink,
Landvermesser
im Jahre 1897

Blick vom Reinebriggen in den Kirkefjord und auf die Reine vorgelagerten Inseln.

Zu Beginn des 19. Jahrhunderts waren die meisten Lofotfischorte im Besitz von reichen Unternehmern, denen nicht nur Grund und Boden, sondern oft auch der einzige Laden und die Fischerhütten gehörten. Zugleich befanden sich Fischaufkauf und -vertrieb in ihrer Hand. Die Fischer mussten in den Hütten der Großgrundbesitzer wohnen und ihnen den Fisch zu Preisen abliefern, die sie bestimmten. 1857 erließ die Regierung erste Gesetze zur Eindämmung der Macht der Großgrundbesitzer.

Die Lofoten waren schon immer so. Alle strömten herbei und wollten ihren Teil haben. Und es ist immer wieder das gleiche: Der Fischer, der sein Leben riskierte und hart arbeitete, er bekam am wenigsten. Andreas Markusson, 1943

Die Lofoten waren einst von dichtem Wald bedeckt. Trotz einer Klimaverschlechterung trägt der Mensch die Hauptschuld am Verschwinden des Waldes: Man brauchte in den langen Wintern viel Feuerholz, außerdem Bauholz für die Hütten, Boote und Kaianlagen. Bis zum Jahre 1870 waren sogar die „Schwimmer“ an den Fischernetzen aus Holz. Dann wurden sie durch Glaskugeln ersetzt.

Der Herrenhof sah in der grünen Landschaft wie ein kleines Schloss aus, ja wie ein unwahrscheinlicher Palast in der Einsamkeit. Das Haus war ein weißgestrichener Holzbau. Roman „Kinder ihrer Zeit“ von Knut Hamsun

In der Bucht Kvalvik befand sich bis in die 40er Jahre hinein eine kleine Ansiedlung. Sie wurde dann, wie auch andere Dörfer an der Westküste, aufgegeben. Hier war man den Stürmen des Nordpolarmeeres schutzlos preisgegeben. Außerdem ist die Westküste nur mit dem Boot oder zu Fuß über die Berge mit der Außenwelt verbunden.

Blick vom Campingplatz in Ramberg auf den einen Kilometer langen, feinsandigen Strand. Hier findet jeden Sommer eine Surfregatta statt.

Das kleine Dorf hat etwa 25 Einwohner und die einzige Kirche der Gemeinde. Der Sage nach strandete ein mit russischem Holz beladener Frachter und die Ladung trieb in Fredvang an Land. Die Einwohner begannen mit dem Bau einer Kirche, die erst halbfertig, von einem Sturm fortgerissen wurde. Die Überreste wurden bei Flakstad an Land geworfen. Damit war der neue Kirchenort bestimmt und dieses Mal wurde die Kirche fertig gebaut. Sicher ist, dass es um 1430 hier wirklich eine Kirche gab. Die heutige Kirche stammt aus dem Jahr 1780. Ihr Zwiebelturm ist wahrscheinlich durch die Sage vom russischen Treibholz inspiriert worden.

Dieses kleine malerische Fischerdorf steht ebenfalls auf der UNESCO-Liste der erhaltenswerten Kulturdenkmäler. Über die Geschichte des Ortes vor dem 19. Jahrhundert ist nicht viel bekannt. Durch Verkauf, Verpachtung und Vererbung ging Nusfjord dann durch mehrere Hände bis es durch Hans Gron Dahl zum Handelsplatz ausgebaut wurde. Ihm gehörten die Fischerhütten, das Frachtschiff und der Kramladen. Außerdem betrieb er die Post, das Telegrafenamt und die Schifffahrtsexpedition. Interessanterweise konnte Dahl weder schreiben noch lesen.

Die Einwohnerzahl des Ortes konnte sich zur Fischfangsaison auf über eintausend vervielfachen. Die Fischer lebten in den sogenannten Rorbuer, die direkt am Wasser auf Felsen oder Pfähle gebaut wurden. In der Regel hatte eine Hütte einen Vorraum für Gerätschaften und Verpflegung und einen Wohnraum, den sich bis zu 12 Fischer teilen mussten. Auf dem Ofen wurde auch gleichzeitig gekocht. Sanitäre Anlagen gab es so gut wie keine.
Heute gelten die Hütten, renoviert und komfortabel ausgestattet, als die typische Lofoten-Unterkunft.

Schnee war hereingeschneit, auf dem Fußboden, wie auch auf den Pritschen. Ein kleines Fenster war ganz blind von Spinnweben, es roch hier nach Fischen, nach Fellen, nach Moder. In diesem Raum sollten die beiden Besatzungen den Winter über hausen.
Johan Bojer

Im Gegensatz zu der südlichen Insel Moskenesøya ist die größere Insel Vestvågøya im Inneren flach und ermöglicht Landwirtschaft. Die Küstenränder sind aber durch ähnlich steile Berge stark zerklüftet und nur schwer zugänglich. Und so findet man auch hier die Grundmauern zahlreicher aufgegebener Höfe und Häuser.

Das Leben auf der rauhen Außenseite hatte seine Härten. Im Winter konnte man oft wochenlang von der Außenwelt abgeschnitten sein. Wenn die Männer zum Fischfang waren, blieben die Frauen mit den Kindern zurück. Wichtig war, auf das Feuer aufzupassen. Sollte es trotz aller Achtsamkeit einmal verlöschen, musste sich die Frau auf den Weg zum Nachbarn machen, um in einer speziellen Metallkiste Glut nach Hause zu holen. In völliger Dunkelheit, bei eisigem Wind und meterhohen Schneewehen eine gefährliche Aufgabe.

Die Familien waren zumeist Selbstversorger: Sie besaßen Kühe, Schafe und Schweine. Das Gras für den Winter wurde in entlegenen Buchten gemäht und mühsam in Säcken nach Hause gebracht. Die Frauen machten Butter und Käse, schoren die Schafe und spannen die Wolle.

Die heute noch bewohnten Siedlungen an der Westküste sind allerdings inzwischen längst an das Straßennetz angeschlossen. Ob das aber reicht, die kommenden Generationen dort zu halten, wird die Zukunft zeigen. Oft dienen die Häuser nur noch als Sommerwohnsitz.

Nordnorwegen wurde durch die Lofoten erschaffen. Die Lofoten sind wie ein Instinkt in der Seele des Volkes. An die Lofoten denkt man zurück, auf die Lofoten richtet man seinen Blick. Die Lofoten sind das Herz, welches Blut in alle Adern Nordnorwegens pumpt.

Eivind Berggrav, Bischof, 1937

Im Jahre 1981 machte ein Bauer beim Umpflügen seiner Wiese in der kleinen Gemeinde Borg eine Entdeckung. In jahrelangen Ausgrabungen wurden die Grundrisse mehrerer Häuser, darunter ein 83 m langes Haupthaus freigelegt. Aufgrund zahlreicher Dinge des täglichen Lebens wurde die Siedlung auf das 9. Jahrhundert datiert. Man fand weiterhin Goldamulette, Scherben von Glasbechern aus Frankreich und von fränkischen Weinkrügen. Die Kostbarkeit dieser Gegenstände wird noch größer, wenn man an die langen Transportwege in den offenen Wikingerschiffen denkt. Das Haupthaus wurde wieder aufgebaut. In einem Teil befindet sich ein Ausstellungsraum, die andere Hälfte wurde so eingerichtet, wie sich die Archäologen den Wohnraum vorstellen. Mitarbeiter in historischen Kostümen führen handwerkliche Tätigkeiten vor.

Hier gibt es Unruhe, Kämpfe zwischen Mächten, Unsicherheit. Und die Stille ist nie eine andere Ruhe als die vor dem Sturm.

Carl Schoyen

Stamsund ist einer der größeren Fischerorte, besitzt mehrere fischverarbeitende Betriebe. Seit 1929 legen hier auch die Schiffe der Hurtigrute an. Kurze Zeit wimmelt es am Kai von Leuten, dann senkt sich wieder Stille über den Ort, der auch heute noch zum größten Teil im Besitz einer Familie ist.

Die traditionellen Kostüme, von Region zu Region unterschiedlich, werden nicht nur am Nationalfeiertag angezogen, sondern auch bei privaten Anlässen, wie hier bei einer Feier in Stamsund.

Wir ließen die Einkäufe im Geschäft anschreiben. Wenn mein Mann vom Fischfang nach Hause kam, bezahlten wir das, was wir bezahlen konnten, aber wir schafften es nie, alles in bar zu begleichen. Wir hatten immer Schulden, und das war eine Belastung.

Anonyme Frau auf den Lofoten

Die Fäustlige, die sie an den Händen haben, sind von Eis so hart, als seien sie aus Eisen, und es ist ein Wunder Gottes, dass sie sich nicht die Hände abfrieren.

Das Elend, das die Fischer hier ertragen müssen, ist unsagbar. Sie liegen in der Nacht in ihren offenen Booten, so dass sie am Morgen, wenn sie aufwachen, oft mit über einem halben Meter Schnee bedeckt sind.

Erik Hansen Schonnebol, Vogt, 1591

Fast ein Jahrtausend lang bestimmte der Lofotfischfang das Leben der Menschen. Im Vestfjord, zwischen den Lofoten und der Küste, findet der Kabeljau (im Jugendalter „Dorsch" genannt) zwischen Januar und März seine optimalen Laichbedingungen. Von der Barentssee aus schwimmen die ausgewachsenen Fische jedes Jahr in Richtung Süden und werden von den Fischern erwartet. Ende des 19. Jahrhunderts nahmen über 30.000 Fischer am Lofotfischfang teil, mithin ein Viertel der gesamten Nordlandbevölkerung. Über 100.000 Tonnen wurden in der kurzen Saison aus dem Meer geholt, damals ausschließlich mit von Hand eingeholten Leinen und Netzen. Der weitaus größte Teil wurde zum Trocknen auf hohe Holzgestelle gehängt. Nachdem die Fischbestände in den 80er Jahren des 20. Jahrhhunderts überfischt waren, steigen die Fangmengen nun wieder langsam an.

Das Aufhängen auf die charakteristischen Trockengestelle beginnt ab dem 12. März.
An den Verarbeitungsmethoden hat sich über die Jahrhunderte kaum etwas geändert.
Die Fische werden von Hand ausgenommen und paarweise am Schwanz zusammengebunden und aufgehängt. Die Zungen werden meist von Kindern herausgeschnitten und sind als Filet des Fisches eine Delikatesse. Die Köpfe werden separat getrocknet. Nach drei Monaten hat der Fisch dreiviertel seines Gewichtes verloren und wird nun als Trockenfisch oder Stockfisch bezeichnet. Der größte Teil wird seit Jahrhunderten nach Italien exportiert, wo er schon seit dem Mittelalter eine beliebte Fastenspeise ist. Der Stockfisch, der übrigens fast geruchlos ist, wird in 20 verschiedene Qualitätsklassen eingeteilt. Die billigsten Sorten gehen, ebenso wie die Fischköpfe, hauptsächlich nach Nigeria.

Der Nordländer befasst sich mit keiner andere Arbeit als der, die im Boot anfällt oder mit Booten und Fischfang zu tun hat. Ausgenommen in den wenigen Monaten, wo der Lofotfischfang stattfindet und wo er sich abrackert wie ein Hund, bestellt der Nordländer so gut wie gar nichts – er isst und schläft, isst gut und schläft lange. Fünf Mahlzeiten am Tag und ein paar Stunden Mittagsschlaf, darauf kann er nicht verzichten. Darüber hinaus ist er ein äußerst schlechter Ökonom, vielleicht der schlechteste dieser aus schlechten Ökonomen bestehenden Nation.

Carl Frederik Diriks, Direktor des Leuchtfeuerwesens, 1869

Mitte des 19. Jahrhunderts entwickelte sich Hennigsvær zum größten Fischerdorf auf den Lofoten. Heute lebt der Ort mehr vom Tourismus: Alte Speicherhäuser wurden zu rustikalen Herbergen und guten Restaurants umgebaut. Das alte Flair ist erhalten geblieben. Der Lofotfischfang, der nur einen Teil des Fischfangs ausmacht, hat hier kaum noch eine wirtschaftliche Bedeutung.

Ich glaube schon, dass kein Mensch auf Erden so viel für das tägliche Brot leidet wie die bedauernswerten armen Leute hier draußen in Nordland, und ich bin auch ganz sicher, dass kein Mensch auf Erden sich seinen Lebensunterhalt mit so großer Gefahr – Lebensgefahr – verdient. Erik Hansen Schonnebol, Vogt auf den Lofoten, 1591

Kabelvåg war einst Hauptstadt der Inselgruppe und ist hervorgegangen aus Vagan, der ältesten Stadt Nord-Norwegens.
Die Kirche des Ortes hat wegen ihrer Größe den Beinamen „Lofot-Kathedrale". Mit 1.200 Sitzplätzen ist sie die größte Holzkirche Nord-Norwegens.

Dort, wo sich wohl im Mittelalter Vagan befand, steht heute das Lofot-Museum.

Die Fangmethoden mögen sich über die Jahre verändert haben, doch im Prinzip gelten die gleichen Gesetze, die im 19. Jahrhundert verabschiedet wurden. Die Lofotaufsicht ist die Ordnungspolizei während der Fischfangsaison. Sie verhängt Geldbußen wegen vorschriftswidrigen Fischens, früher aber auch wegen Trunkenheit in der Kirche, Diebstahl und Quacksalberei.

Svolvær ist mit 4.000 Einwohnern die größte Stadt auf den Lofoten. Von hier starten die Aufsichtsschiffe in die Fanggebiete.

Svolvær kann sich nicht gerade rühmen, eine Naturschönheit zu sein. Die nackten, zerklüfteten Felsen geben dem Ort ein trauriges Aussehen, was jedoch bisher nicht auffiel, da der Fischfang für Leben sorgte, an Land und auf dem Wasser. Reinhard Breien, Zollinspektor, 1891

Ja, es lässt sich nicht leugnen – ein imponierender Anblick: Das Reinste vom Reinen, das Kälteste vom Kalten, das Tugendhafteste vom Tugendhaften, das Vornehmste, das man sich denken kann. Altare für den Gott der Einsamkeit. Schwierig, schwierig, das zu malen! Christian Krohg, Maler, über die Gegend von Svolvær, 1896

Noch nie habe ich so klare Farben gesehen! Die weißen Schneefelder an den blauen Bergen und das Grün so saftig. In leuchtenden Flecken und Strahlen erscheint das Spiegelbild im stillen Fjord. Es ist ein Bild einer Märchen-Phantasie; hier muss der Ort sein, wo die Prinzessin verzaubert wurde.

Theodor Kittelsen, Künstler, bei Digermulen, 1890

Der schmale, ca. 20 km lange Raftsund ist einer der Höhepunkte der Hurtigrutenfahrt. Vom Raftsund zweigt auch der nur ca. 2 km lange und an der schmalsten Stelle 80 m breite Trollfjord ab. Vom Land aus ist die Gegend nur schwer zugänglich. Eine Wanderung führt auf den Digermulkollen, der im Jahre 1889 von Kaiser Wilhelm II. bestiegen wurde. Im Zweiten Weltkrieg wurde der Gedenkstein zerstört, später von den Bewohnern wieder neu errichtet.

Dieses Land dort im Norden, das Wunderland –
dass hier Pfarrer fehlen können!
Zwei Jahre haben sie sich nicht nach Hadsel
beworben! Dieses Hadsel, das zu den
herrlichsten Orten in Nordland gehört.

Knut Hamsun, 1910

In Stokmarknes befindet sich das Hurtigruten-Museum. Gegründet wurde die Postschifflinie 1893 von Richard With. Die Linie verlief zunächst nur von Trondheim nach Hammerfest und wurde später nach Bergen im Süden und nach Kirkenes im Norden erweitert. Die Transportzeit von Briefen und Fracht verkürzte sich so wesentlich.

Blauer Speicher in Sortland.

Moderne Skulptur in Bø.

Das Ortsschild von Klo, daneben das Firmenschild vom einzigen Geschäft des Ortes („Handel“ = Laden). Hier gibt es also keine Klos zu kaufen, sondern alle Dinge des täglichen Bedarfs.

Die See war ganz glatt, die Sonne lag darauf und verwandelte das Wasser in eine einzige goldene Platte …
Roman „Siriland“ von Knut Hamsun

Das erste kleine Geschäft der Handelsstation Jennestad wurde bereits 1830 gegründet. Die Blütezeit erlebte der Ort etwa um 1910–1920. In dieser Zeit zogen die Besitzer in das neue Gebäude. Der Speicher am Hafen war jetzt Geschäft und Lagerhalle für 14.000 verschiedene Produkte. Der Handel florierte ebenso wie die lokale Landwirtschaft und die Graphitgruben in der Umgebung. Als jedoch 1922 Sortland Anlaufpunkt der Hurtigrute wurde, verringerte sich die Bedeutung von Jennestad. Dann wurde der Bergbau unwirtschaftlich, das Geschäft wurde zu einem ganz normalen Landhandel, ohne jedoch Ausstattung und Einrichtung zu verändern. 1982 musste der letzte Besitzer, nach 65 Jahren hinter dem Ladentisch, das Geschäft schließen.

Tinden ist eine alte Handelsstation aus dem 17. Jahrhundert. Sie wird noch heute vom 88-jährigen Skjalg Halmøy am Leben erhalten. Wirtschaftliche Bedeutung hat sie keine mehr, aber mehrmals am Tag hält das Schnellboot MS Tinden hier, das noch weitere Inseln versorgt, die nicht ans Straßennetz angeschlossen sind. Der Weihnachtsbaum stammt aus dem Jahre 1967. „Die sind hier sehr selten", antwortet Skjalg Halmøy auf Nachfrage. Er hat ihn damals eingefroren und im nächsten Jahr wieder verwendet. Und so liegt er heute noch in der Tiefkühltruhe. Weggeworfen wird hier nämlich nichts.

Nyksund

Die halbverfallenen Häuser und Kaianlagen des Ortes stehen für vergangende Zeiten. Nyksund, am Ende einer nicht geteerten Straße gelegen, entstand, weil von hier aus der Weg zu den guten Fischgründen sehr kurz war. Als die großen motorisierten Fischtrawler aufkamen, spielte die Entfernung keine große Rolle mehr. Der Staat unterstützte in den 60er Jahren den Umzug durch Zuschüsse. Wind und Wetter nagten an den Holzbauten. Der Wegzug muss schnell gegangen sein: Noch heute stehen Maschinen originalverpackt vor den Fabriken – inzwischen natürlich völlig verrostet.

Inzwischen gibt es wieder zwei Cafés und diverse Übernachtungsmöglichkeiten. Ausflüge zu Vogelfelsen und Malkurse werden angeboten.

In Stø (nördlich von Nyksund) und von Andenes aus werden Walsafaris mit umgebauten Walfängerschiffen durchgeführt. Nach wie vor bestreiten einige hundert Menschen durch Walfang ihren Lebensunterhalt. Die Befürworter verweisen auf eine sehr lange Tradition und die (angeblich) erholten Bestände. Wirtschaftlich ist der Walfang nur von geringer Bedeutung: Nach Angaben der Regierung dürfen ca. 100 Zwergwale pro Jahr gefangen werden – zu wissenschaftlichen Zwecken. Man denkt jedoch über höhere Fangquoten und eine offizielle Wiederaufnahme des kommerziellen Walfangs nach. Walfleisch wird in Norwegen auf Fischmärkten und in Restaurants angeboten.

Schwertwal mit Jungtier.

Überwiegend wird man Pottwale zu sehen bekommen – die Schwanzflosse kurz vor dem Abtauchen.

Der Kaiser zog sich zurück, sobald die Sonne den neuen Tag verkündet hatte, während der leichtsinnigere Teil des Gefolges wieder in dem Speisesaal zusammentraf. Indessen war ihr Bleiben nicht lange. Die Nachricht, dass Walfische sich in dem Andsfjord gezeigt hätten, führte sie fast ausnahmslos an Deck.

Paul Güßfeldt, auf der Norwegen-Reise von Kaiser Wilhelm II., 1890

Der Fisch, nur er allein, hat die Menschen nach Andenes gelockt. Sonst bietet der Ort wirklich keine Anreize; öde und einsam ist es dort draußen, rauh und stürmisch ist das Wetter. Doch seit undenklichen Zeiten wird vor Andenes Fischfang betrieben, davon zeugt der Küchenabfall, der sich überall am Strand auftürmt. Paul Alm, 1944

Andenes, diese kleine Ansammlung menschlicher Behausungen an der äußersten Spitze von Andøya – so nah am offenen Meer, dass man beim Zubettgehen in Rydnings Gasthaus meinen möchte, man berühre mit den Zehen die Seelachsschwärme im Wasser … Oddmund Ljone, 1961

Der Norden

Nur etwa 500.000 Menschen, weniger als im Großraum Oslo, leben in einer Region, die rund ein Drittel Norwegens einnimmt. Menschenleere Wald- und Tundragebiete, schneebedeckte Berge, Gletscher, rastlose Rentierherden und riesige Vogelkolonien bestimmen das Bild der scheinbar endlosen Weiten.

Die Nacht wurde schöner und schöner; es war die farbenprächtigste Nacht, welche wir während der Reise in den polaren Gewässern erlebten. Die Sonne blieb unverhüllt; auf der weiten Meeresfläche fuhren wir nordwärts …
Über eine Norwegen-Reise von Kaiser Wilhelm II.

Ein Hurtigrutenschiff der neuesten Generation.

Tromsø ist mit 50.000 Einwohnern die größte Stadt nördlich von Trondheim. Den besten Überblick bietet der 420 m hohe Aussichtsfelsen Storsteinen.
Die Stadt wurde zum Ausgangspunkt zahlreicher Expeditionen u. a. von Amundsen und Nansen – daher auch der Beiname „Pforte zum Eismeer".
Heute ist Tromsø wichtiges Dienstleistungszentrum, besitzt die nördlichste Universität und die nördlichste Brauerei der Welt.

Das Stadtzentrum hat einige historische Bauten aufzuweisen. Die Bausünden der Vororte kann aber auch die Mitternachtssonne kaum kaschieren.

Die Kirche wurde 1965 unter dem Namen Tromsdalen-Kirche eingeweiht. Sie ist seitdem das auffallendste Bauwerk der Stadt. Die äußere Form erinnert an Trockenfischgestelle.

Ausschnitt aus dem ca. 140 qm großem Mosaik im Ostgiebel.

Die Felsbilder von Hjemmeluft in der Nähe von Alta stehen auch auf der Liste der UNESCO. Rund dreitausend Felsbilder wurden von 1973 an bis heute entdeckt. Sie zeigen überwiegend Menschen auf der Jagd, Bären, Rentiere und Elche. Über das Alter streiten sich die Wissenschaftler noch – einige meinen bis zu 10.000 Jahren, andere glauben, dass die Gegend damals noch unter einem dicken Eispanzer lag.

Hammerfest – die nördlichste Stadt der Welt enttäuscht ein wenig. Historische Gebäude gibt es keine. Die Wehrmacht hat bei ihrem Rückzug die Stadt in Schutt und Asche gelegt.

Vor allem zwischen 1942 und 1945 wurden Tausende von den deutschen Besatzern zum Straßenbau in ganz Nordland gezwungen, überwiegend jugoslawische Kriegsgefangene. Gräber jugoslawischer, russischer und deutscher Soldaten, sowie Gedenksteine finden sich entlang der E6.

Der Herkunft der Samen ist ungewiss. Manches deutet darauf hin, dass sie nach der Eiszeit über die karelische Landzunge nach ganz Skandinavien einwanderten. In den letzten drei Jahrtausenden wurden sie kontinuierlich nach Norden verdrängt. Etwa 30.000 Samen leben heute vorwiegend in der Finnmark.

Es ist noch gar nicht lange her, dass die Menschen in diesen Holz- und Torfhütten gelebt haben. Jetzt werden sie nur noch ab und zu von Rentierzüchtern benutzt. Doch auch die heutigen Behausungen wirken trostlos. Einzig die Kirche in Karasjok sticht aus dem Einerlei heraus. In der Nähe wurde auch vor kurzem das Palamentsgebäude errichtet. Den Samen gesteht man inzwischen eine begrenzte Selbstverwaltung zu.

Nur noch zehn Prozent der Samen leben heute von der Rentierzucht. Aber auch diese Familien leben nicht mehr bei den Rentierherden. Das Nomadentum, ohnehin nur von einem Teil der Samen ausgeübt, gehört der Vergangenheit an. Das große Treiben der Herden zu den mobilen Schlachtanlagen erfolgt in der Regel per Helikopter.

Die bekannteste Steilklippe Europas, 307 m hoch gelegen, ist der größte Anziehungspunkt der Region. Zu Fuß, mit dem Fahrrad, im Reisebus oder mit dem eigenen Auto kommen die Besucher aus der ganzen Welt, um einmal von hier auf die Mitternachtssonne zu schauen. Der Eintrittspreis ist hoch und im Hochsommer muß man den Ausblick mit den Insassen von mehreren hundert Wohnmobilen und Reisebussen teilen.

Jenseits der Suionen (Schweden) liegt ein anderes, träges und beinahe unbewegtes Meer; dass es den Erdkreis umschließt, wird dadurch glaubhaft, dass der letzte Glanz der schon untergehenden Sonne so hell bis zum Aufgang anhält, dass er die Sterne verblassen lässt. Bis dorthin, und diese Kunde ist wahr, reicht die Welt.

Publius Cornelius Tacitus, römischer Geschichtsschreiber, 98 n. Chr.

Dabei handelt es sich nicht einmal um den nördlichsten Punkt. Der befindet sich nämlich auf der flachen Halbinsel Knivskjellodden. Dort hin führt ein acht Kilometer langer Wanderweg. Da man sich aber auf Meereshöhe befindet, ist der Ausblick von dort nicht so spektakulär.

Nur etwa 30 km vom Nordkap entfernt liegt der Ort Honningsvåg, der überwiegend vom Nordkap-Tourismus zu leben scheint. Hier gibt es die nötige Infrastruktur und einen Hafen, der auch tief genug für die größten Kreuzfahrtschiffe ist.

Fährt man weiter entlang der Küste in Richtung Osten, lässt der Tourismus schlagartig nach und so leben diese Ortschaften vom Fischfang.

Der Fisch im Wasser ist unser Brot,
und fehlet er uns, da leiden wir Not;
Wir müssen vor Jammer verkommen.
Peter Dass, Dichter, im 17. Jhd.

Der kleine Ort Hamningberg ist nur noch im Sommer bewohnt und einer der wenigen, der beim Rückzug der deutschen Wehrmacht nicht zerstört wurde.

Vardø ist die einzige Stadt Norwegens in der arktischen Klimazone, das heißt, die Durchschnittstemperatur liegt in jedem Monat des Jahres unter 10 °C.

Wir lichteten den Anker und verließen den Hafen von Vardø in der stillen Morgenstunde. Die Stadt lag noch in tiefem Schlummer, alles war so friedlich und schön ringsrum. Nur etwas Lärm von erwachender Arbeit auf einem einzelnen Dampfschiff im Hafen. Es war just die rechte Stimmung, Norwegen zu verlassen – so wohltuend und still. Welche Erholung für die Gedanken!

Fridtjof Nansen

Da es hier keinen Wald gibt, gibt es natürlich auch keine Holzgestelle zum Trocknen der Fische.
Wer trotzdem nicht auf seinen Trockenfisch verzichten kann, findet auch andere Möglichkeiten.

Zwischen Juni und Anfang August brüten auf einer vorgelagerten Insel Millionen von Seevögeln.

Das Ende der Welt scheint erreicht zu sein: In Kirkenes endet die E 6 und gleichzeitig ist die Stadt Umkehrpunkt für die Schiffe der Hurtigrute.

Schneemobile sind hier genauso wichtig wie Autos. Die Nähe zu Russland lässt schon der Name der Diskothek erkennen, der Grenzübergang ist nur 10 km entfernt. Lange Zeit trennte ein eiserner Vorhang die Nachbarn. Heute herrscht reger Grenzverkehr, was man dem ehemaligen russischen Präsidenten Gorbatschow zu verdanken hat.

Das Pasviktal schiebt sich südlich von Kirkenes wie ein Keil zwischen Finnland und Russland. Die Finnmark geht mit zahllosen Seen und Sümpfen in die sibirische Taiga über. Die Südspitze bildet der Øvre Pasvik Nationalpark, in dem neben Wölfen und Elchen auch die größte Bärenpopulation Norwegens lebt.

Östlich von der Sonne und westlich vom Mond

Es war einmal ein armer Mann, der hatte viele Söhne und eine wunderschöne Tochter. Eines Abends im Spätherbst, es war fürchterliches Wetter, klopfte es laut an der Tür. Der Mann öffnete und draußen stand ein weißer Bär. „Willst du mir deine Tochter geben, dann mache ich dich ebenso reich, wie du jetzt arm bist.“, sprach er. Die Eltern mussten das Mädchen lange überreden, aber schließlich willigte sie ein, setzte sich auf den Rücken des Bären und der Bär trabte davon.

Sie wohnten in einem riesigen Schloss und jeden Abend kam ein Mensch zu ihr ins Zimmer und legte sich neben sie. Der Mensch aber war der weiße Bär, der in der Nacht den Pelz abwerfen durfte und ehe es morgens hell wurde, war er wieder verschwunden.

Nach einer Weile hatte das Mädchen Heimweh und wollte ihre Eltern und Geschwister besuchen. Der Bär brachte sie heim, aber sie musste ihm versprechen, nie mit ihrer Mutter alleine zu sprechen, sondern nur, wenn andere zugegen sind. Ihre Familie wohnte in einem großen, weißen Haus und alles war so reich und prächtig, dass es eine wahre Freude war, es nur anzusehen. Doch es geschah genau das, was der Bär vorausgesagt hatte.

Wieder zurück im Schloss befolgte das Mädchen den Rat ihrer Mutter, entzündete eines nachts eine Kerze und sah den schönsten Prinzen, den man sich nur denken kann, neben sich liegen. Doch ein paar Tropfen Kerzenwachs tropften auf das Hemd des Prinzen, er erwachte und rief: „Was hast du getan! Hättest du ein Jahr ausgehalten, so wäre ich erlöst. Nun muß ich zurück auf das Schloss, das östlich von der Sonne und westlich vom Mond liegt, zurück zu meiner Stiefmutter, die mich verzaubert hat und eine Prinzessin mit einer drei Ellen langen Nase heiraten.“

Viele Wochen verbrachte das Mädchen mit der Suche nach dem Prinzen. Unterwegs traf sie eine alte Frau, die ihr ein Pferd lieh und ihr einen goldenen Apfel schenkte. Eine andere Frau schenkte ihr eine goldene Haspel, eine dritte einen goldenen Spinnrocken. Eines Tages traf sie dann auf den Ostwind, der sie auf seinem Rücken zum Westwind brachte. „Nein“, sagte der Westwind, „so weit, bis zum Schloss östlich der Sonne und westlich vom Mond habe ich noch nie geweht. Aber ich bringe dich zum Südwind, der ist weit herumgekommen“. Aber erst der Nordwind brachte sie zu dem Schloss.

Die erste Person, die sich zeigte, war das Nasenungeheuer, das der Prinz heiraten sollte. „Was willst du für den goldenen Apfel haben?“, fragte sie. „Für Geld ist er nicht zu haben, aber wenn ich eine Nacht bei dem Prinzen verbringen darf, dann kannst du ihn haben.“ „Nun, das lässt sich machen.“ Als aber das Mädchen am Abend in die Kammer des Prinzen kam, schlief dieser so fest, dass sie ihn nicht aufwecken konnte. Am nächsten Tag tauschte sie ihre goldene Haspel ein, doch auch in dieser Nacht war der Prinz nicht aufzuwecken. Für den Spinnrocken erhielt sie eine erneute Nacht zugesagt. Nun hatten aber einige Christen, die auf dem Schloss gefangen gehalten wurden, den Prinzen unterrichtet. An diesem Abend trank er seinen Nachttrunk mit dem Schlafmittel nicht und so war er wach, als das Mädchen hereinkam. „Du kommst gerade rechtzeitig“, sagte er, „denn morgen soll ich heiraten. Doch ich werde sagen, ich wolle erst sehen, ob meine Braut tüchtig sei und ihr auftragen, die Flecken aus meinem Hemd zu waschen. Das geht natürlich nicht, denn nur Christenhände können sie wieder auswaschen, nicht dieses Trollweib.“

Genau so geschah es. Das Hemd wurde immer schwärzer soviel die Trolle auch wuschen. Kaum aber hatte das Mädchen das Hemd ins Wasser getaucht, wurde es weiß. Vor Zorn barst das Trollweib mittendurch und alle Gefangenen waren frei und packten so viel Gold und Silber ein, wie sie fortschaffen konnten.

Frisör
Ahhaaa AB
Stationsväger

50

Bimbo
900 m

0 - 2km

TAKRAS
Ferdsel på eget ansvar

Aas
500 m

Matthias Hanke (links!)
Jahrgang 1967 („war ein guter Jahrgang"), kein Sternzeichen, keine Religion, kein Piercing, gelernter Bankkaufmann, ist seit mehr als 10 Jahren als Fotojournalist unterwegs.
1994 gelang ihm die Durchquerung Afrikas nur mit öffentlichen Verkehrsmitteln („Afrika erleben – Mit öffentlichen Verkehrsmitteln von Marokko bis zum Kap").
Seit dieser Zeit ist er auch mit seinen Diashows im deutschsprachigen Raum unterwegs. Geographische Schwerpunkte der Vorträge neben Norwegen: Kanada, USA, Ost- und Südeuropa.
Sein erster Bildband erschien über Mallorca.
Nach Norwegen verschlug es ihn eher zufällig im Jahre 2000 – da aber gleich dreimal. Inzwischen hat er über 50 Länder bereist.

Reinhard Pantke
Mehr als 130.000 km hat Reinhard Pantke (Jahrgang 1967) mittlerweile rund um die Welt per Fahrrad zurückgelegt.
Sein erklärtes Lieblingsland Norwegen hat er bereits 16 Mal bereist, andere Reisen führten ihn z. B. durch Schweden, Finnland, Island, Schottland, Neuseeland, Kanada und Alaska.
Der Globetrotter ist als Reisefotograf, Vortragsreferent, Reiseleiter und freier Fotograf tätig.
Neben zahlreichen Beiträgen für Zeitungen und Magazine schrieb er auch das „BikeBuch Neuseeland" und ist Co-Autor bei weiteren Büchern.

Informationen, weitere Bücher und
viele faszinierende Bilder aus aller Welt finden Sie unter:

www.MatthiasHanke.de

www.bike-around-the-world.de

Vor rund 11.000 Jahren besiedeln halbnomadische Jäger und Fischer das Land, das während der Eiszeit unter einer mächtigen Eisschicht lag.

5.000 Jahre vor unserer Zeitrechnung entstehen die ersten Felszeichnungen hauptsächlich im Norden Norwegens.

Mit dem Beginn der Eisenzeit **vor 2.500 Jahren** führt eine Klimaverschlechterung zum Bevölkerungsrückgang.

Im Jahre 400 fallen neue Stämme im Rahmen der germanischen Völkerwanderung in das Land ein.
Die Bevölkerung nimmt wieder zu.

793 überfällt eine Schar heidnischer Seefahrer ein Kloster vor der Küste Englands. Es dauert nicht lange, da tauchen die Wikinger, wie sich die kriegerischen Männer nennen, an allen Küsten Europas auf.

Um 870 besiedeln sie, vermutlich aus Landknappheit, die Insel Island.

980 stößt Erik der Rote nach Grönland vor.

997 wird Nidaros, das spätere Trondheim gründet.

1002 erreicht der Sohn von Erik dem Roten, Leiv Erikson, Nordamerika.

Im Jahre 1015 besteigt Olav Haraldsson den Thron. Sein Hauptanliegen ist die endgültige Christianisierung des Landes.

Das **12. Jahrhundert** gilt als der Höhepunkt des Stabkirchenbaus. Norwegen besitzt jetzt die größte Ausdehnung seiner Geschichte.

1250 wird ein Handelsvertrag mit der Lübecker Hanse geschlossen, die bald den gesamten norwegischen Handel übernimmt.

1349 kommt über den Hafen von Bergen die Pest ins Land. Fast zwei Drittel der damaligen Bevölkerung (400.000) werden vom schwarzen Tod dahingerafft.

Dänemark übernimmt die Herrschaft und setzt die Reformation durch.
1536 erklärt der dänische König, dass Norwegen nun ein Teil Dänemarks sei.

Im **April 1814** tritt eine eilig gewählte Nationalversammlung zusammen, da Dänemark, das als Verbündeter Napoleons zu den Verlierern der Napoleonischen Kriege zählt, Norwegen an Schweden abtreten soll.

Am **17. Mai 1814** wird die neue Verfassung verabschiedet. Seitdem ist der 17. Mai Nationalfeiertag. Norwegen und Schweden bilden eine Union, die **1905** wieder aufgelöst wird.

Am **9. April 1940** überfällt die deutsche Wehrmacht das Land, das sich zuvor der Neutralität verpflichtet hatte. Der König flieht nach London. Erst am **7. Juni 1945** kehrt er zurück.

Olav der V. wird **1957** zum König gekrönt.

1972 wird die Ölproduktion aufgenommen. Norwegen entwickelt sich zu einem Öl- und Gasexporteuer.

1994 lehnt die Bevölkerung zum zweiten Mal einen Beitritt zur EU ab.

Nordkapp
Hammerfest
Vardø
Kirkenes
Alta
Tromsø
Karasjok
Andenes
Kautokeino
VESTERÅLEN
Harstad
Sortland
LOFOTEN
Narvik
Svolvær
Å
Værøy
Røst
Bodø
ATLANTIK
Polarkreis
Nesna
Mo i Rana
Bronnøysund
Trondheim
Kristiansund
Ålesund
DOVREFJELL
Røros
SCHWEDEN
FINNLAND
Galdhøpiggen
GUDBRANDSDALEN
JOTUNHEIMEN
Sognefjord
Lillehammer
Bergen
NORWEGEN
Hardangerfjord
ÅLAND
Oslo
Telemark
Stavanger
Lysefjord
ESTLAND
Saaremaa
Kristiansand
Lindesnes
Skagerrak
GOTLAND
BALTISCHES MEER
Kattegat
LETTLAND
NORDSEE
ÖLAND
DÄNEMARK
LITAUEN
N
S
W
E

Allgemeines

Fläche: 323.760 km², Entfernung Kap Lindenes – Nordkap: 1.750 km (Luftlinie) oder ca. 2.500 km auf der Straße

Einwohner: ca. 4,5 Mio

Größte Städte (mit mehr als 100.000 Einwohnern): Oslo (508.000), Bergen (230.000), Trondheim (150.000), Stavanger (108.000)

Staatsform: Norwegen ist eine konstitutionelle Monarchie. Das Parlament (Storting) besteht aus einer Kammer, deren Abgeordnete aus 19 Bezirken (Fylker) kommen. Die Anzahl der Abgeordneten, die von den Bezirken gestellt werden, ist abhängig von der Bevölkerungszahl.

Anreise

Schiff

– Color Line fährt (www.colorline.com) täglich direkt von Kiel nach Oslo und von Frederikshavn nach Oslo. Weiter per Zug von Oslo nach Dombas/Andalsnes (www.nsb.no).
– Alternative: mit „Fjordline" (www.fjordline.de) nach Bergen und von dort mit den Postschiffen der „Hurtigruten" weiter entlang der Küste bis Kirkenes, das im äußersten Nordosten liegt.
– mit Stena Line: nach Oslo oder Göteborg (www.stenaline.de)

Bahn

Über Dänemark und Schweden kann man direkt nach Oslo fahren. Von dort führen die wichtigsten drei Hauptstrecken via Kristiansand nach Bergen, von Oslo nach Bergen und von Oslo über Trondheim nach Bodø. Norwegens nördlichster Bahnhof Narvik ist nur über Schweden per Bahn zu erreichen. Infos und Preise zur norwegischen Eisenbahn: www.nsb.no.

Flugzeug

Die größten Städte werden ganzjährig von Deutschland angeflogen. Im Sommer gibt es z. B. auch Direktflüge nach Tromsø und Bodø. Das innernorwegische Flugnetz ist sehr gut ausgebaut.

Verkehr

Die Straßen sind bis in den hohen Norden gut ausgebaut, an den Fjorden entlang jedoch oft eng und kurvig. Staus sind unbekannt, lediglich um Oslo herum und auf der E 6 Oslo-Trondheim herrscht nenneswerter Verkehr. Schafe und Elche sind eine nicht zu unterschätzende Gefahr. Geschwindigkeitskontrollen sind selten (oft durch Schildern angekündigt), Überschreitungen kommen aber recht teuer. Falschparken kostet mindestens 300 NOK. Auch die Gebühren für Tunnel, Brücken und Fähren können ein Loch in die Urlaubskasse reißen. Tagsüber muss mit Abblendlicht gefahren werden.

Das Tankstellennetz ist inzwischen ausreichend dicht. Die Spritpreise sind höher als bei uns.

Bus

Das Busnetz ist dicht und gut ausgebaut, selbst kleinere Orte erreicht man mehrmals am Tag. Infos und Fahrpläne: www.nor-way.no.

Reisetipps

Klima, Wetter

Obwohl z. B. West-Norwegen auf der Höhe Südgrönlands liegt, sind die Durchschnittstemperaturen dank des Golfstroms wesentlich höher als in gleicher Breitenlage. Selbst in der Finnmark kann man Sommertage mit 25 Grad Celsius erleben. Die Küstenbereiche sind meist niederschlagsreicher als in kontinental trockenen Gebiete im Landesinnern.

Im Mai kann es sehr wechselhaft sein: Ein strahlendschöner Tag kann binnen weniger Minuten umschlagen, die tiefhängenden Wolken können sich aber auch blitzschnell auflösen! Aber in Norwegen gibt es bekanntermaßen kein schlechtes Wetter, sondern nur unpassende Kleidung …

Reisezeit

Die meisten Touristen kommen zwischen Mitte Mai bis Mitte September. Hauptsaison ist von Ende Juni bis Mitte August, in dieser Zeit reisen auch die meisten Skandinavier.

Mai und Juni sind statistisch niederschlagärmer als August und September. Gebirgspässe wie z. B. der „Trollstigen" im Westen Norwegens und Straßen im hohen Norden werden jedoch oft erst in der zweiten Maihälfte, manchmal sogar noch später geöffnet.

Im Mai muss man mit frischen Temperaturen und gelegentlichen Schneefällen in den Bergen und im Norden Norwegens rechnen. Die Zeit Anfang Mai bis Anfang Juni ist für die Regionen, die nördlich des Polarkreises liegen, keine empfehlenswerte Reisezeit, da die Schneeschmelze gerade in höher gelegenen Gegenden die Böden aufweicht. Die Laubfärbung kann man im Süden Norwegens ab der zweiten Septemberwoche sehen, im Norden beginnt sie in der Regel je nach Höhenlage ungefähr drei bis vier Wochen früher.

Tipp: Da es vielerorts sehr ausgeprägte Kleinklimate gibt, lohnt es sich auch bei schlechtem Wetter weiterzufahren. Oft reicht es schon z. B. durch einen Tunnel zum nächsten Fjord zu fahren.

Kleidung

Stellen Sie sich bei der Zusammenstellung der Kleidung für eine nordische Sommerreise einfach vor z. B. Deutschland zwischen April und Oktober bereisen zu wollen.

Das „Zwiebelprinzip" mit verschiedenen Kleidungsschichten hat sich bewährt; atmungsaktive Regenbekleidung (Jacke und Hose), dünne Handschuhe (im Mai), gutes Schuhwerk (auch für kürzere Wanderungen) und Shorts für die wärmeren Tage.

In vielen Unterkünften gibt es eine Waschmaschine und einen Trockner, man muss also keine „Kleiderberge" mitführen. Sonnencreme und Mückenmittel sollte man dabeihaben, auch wenn Mücken nur in der Finnmark und in sumpfigen Gegenden (z. B. Hardangervidda) ein Problem sind.

Einreise, Zollbestimmungen

Gültiger Reisepass oder Personalausweis reichen bei einem Aufenthalt von bis zu 3 Monaten aus, Kinder benötigen einen Kinderausweis. Inzwischen sind die skandinavischen Staaten dem Schengener Abkommen beigetreten, so dass die Passkontrollen entfallen.

Am besten informiert man sich gründlich über die aktuellen Zollbestimmungen. Die Einfuhrmengen sind gering, da Norwegen nicht der EU angehört.

Gesundheit

Norwegen ist wohl eines der gesündesten Länder der Welt. Die größte Gefahr ist wahrscheinlich eine Erkältung durch die „frischen Temperaturen". Der Abschluss einer Reisekrankenversicherung ist trotzdem sehr empfehlenswert.

Kriminalität

Norwegen ist ein sehr sicheres Reiseland, die Kriminalitätsrate ist geringer als in Mitteleuropa. Trotzdem sollte man in den größeren Städten vorsichtig sein und z. B. Wertgegenstände nicht im Auto liegen lassen.

Finanzielles

Die Währungseinheit in Norwegen ist die Krone (NOK), sie entspricht 100 Øre.

Banken gibt es in den größeren Orten. Am bequemsten und günstigsten ist das Abheben mit der normalen ec-Karte und Geheimzahl an den zahlreichen Geldautomaten. Kreditkarten werden in Hotels, Restaurants, Tankstellen und teilweise auch in Supermärkten akzeptiert.

Essen und Trinken

Norwegen ist ein teueres Reiseland. Die Durchschnittspreise für Lebensmittel sind ca. 20–50 % höher als in Deutschland. Sehr gut und vielfältig sind Molkereiprodukte, relativ günstig sind Meeresfrüchte, Fisch, Rentier- und Elchfleisch. Es lohnt sich in Supermärkten nach Sonderangeboten Ausschau zu halten. Sehr teuer sind alkoholische Getränke und Zigaretten.

Die Auswahl an Obst und Gemüse ist in größeren Supermärkten gut, aber wesentlich teurer als in Deutschland. In kleineren Orten kann die Ernährung durch den Mangel an Frischobst etwas monoton sein.

Selbstverpflegung: ca. 12–15 € pro Tag, Snacks im Imbiss: ab 8–10 €, Essen im einfachen Restaurant/Café: 12–20

Fotografieren

Überreichlich Fotomotive – am besten nimmt man doppelt so viele Filme wie geplant mit! Fotomaterial (besonders Diafilme) ist in Norwegen extrem teuer!!

Übernachten

Campingplätze, Bed & Breakfast (ab ca. 25 € p.P.), Hotels (sehr teuer, ab 50 € p.P.) und Gästehäuser sind zumindest bis Trondheim in kurzen Abständen zu finden. Campingplätze (ca. 10 bis 15 € für 2 P.) sind mit drei Sternen klassifiziert und überwiegend gut ausgestattet. Aufenthaltsraum, Küche, Waschmaschinen und Trockner sind meist vorhanden. Infos: www.naf-camp.com oder www.pluscamp.no

Bei schlechtem Wetter sind die Hütten auf den Campingplätzen (ab 30 € für 2–4 P.) eine gute Alternative, Einzelreisende zahlen voll.

Jugendherbergen gibt es in allen größeren Städten und an touristisch interessanten Plätzen, weitere Infos unter www.vandrerhjem.no.

Wildes Zelten ist nach dem ungeschriebenen „Jedermannsrecht" mit ausreichend Abstand zu bewohntem Gebiet erlaubt, aber oft schwierig und wird im stärker besuchten Fjordland oder auf den Lofoten mehr und mehr durch Verbotsschilder eingeschränkt. Die besten Möglichkeiten findet man auf den weiten Hochebenen (Fjell) und in Nordnorwegen. Gleiches gilt auch für Wohnmobile.

Infos, Karten und wichtige Adressen

– **Veiatlas Norge** heißt der Straßenatlas im Maßstab von 1 : 300.000 mit Übersichtskarte, 80 Stadtplänen und sehr ausführlichem Ortsregister.

– **Norwegen in fünf Doppelblättern** bieten Karten von Kümmerly und Frey im Maßstab von 1 : 325.000 und 1 : 400.000. Trotz des großen Maßstabes sind alle wichtigen Infos (z. B. Straßenbelag, Passhöhen, Campingplätze, JHs, Sehenswürdigkeiten) aufgeführt.

– **Norwegisches Fremdenverkehrsamt,** Postfach 11 33 17, 20433 Hamburg, Tel.: 0180-5 00 15 48, Internet: www.visitnorway.com. Unter www.bike-norway.com bekommt man gute Infos zum Thema Radwandern in Norwegen. Einige Strecken auf ausgewiesenen Radwegen sind beschrieben. Tourist Infos sind zahlreich und mit reichlich Infomaterial versehen, aber in kleineren Orten beschränken sich die Öffnungszeiten auf die Hauptreisezeit von Mitte Juni bis Mitte August.

Abenteuer & Fernweh

Afrika erleben – Mit öffentlichen Verkehrsmitteln von Marokko bis zum Kap

Matthias Hanke

224 Seiten
60 Fotos
12,80 €

ISBN 3-9806849-0-3

23 000 Kilometer …
von Deutschland bis zum Kap der Guten Hoffnung: Fünf Monate in Zügen und Bussen, auf Ladeflächen grosser und kleiner Lastwagen, in Pkws, mit Booten, auf dem Rücksitz eines Motorrades – und wenn es gar nichts mehr gab, dann auch zu Fuß.
Geschlafen wurde in Hotels, auf Busbahnhöfen, in den Zügen oder Fahrzeugen, im eigenen Zelt, im Gefägnis oder bei Einheimischen. Die Gastfreundschaft der unter einfachsten Bedingungen lebenden Bewohner war oft überwältigend. Das Hauptinteresse galt zwar den Menschen – aber was wäre Afrika ohne die einzigartigen Naturwunder? Die Besteigung des Ruwenzori, der Ngorongoro-Krater und die Victoriafälle waren die spektakulärsten Stationen. Unvergessen sicherlich auch, als der Autor in Zimbabwe plötzlich nur wenige Meter vor einer Elefantenherde stand …

Abenteuer & Fernweh

Zu Fuß zum Nordpol The last degree

Paul Quast

178 Seiten
50 Fotos
12,80 €

ISBN 978-3-9806849-1-1

Lebensfeindlich, kalt und abweisend – so stellt man sich die Arktis vor. Kaum jemand kennt die faszinierenden Reize dieser Region hoch oben im Norden. Paul Quast fängt den Leser wie kaum ein anderer zuvor mit dem Zauber des Nordens ein. Er schildert die anfänglichen Ängste und Zweifel, die dann umschlagen in eine euphorische Begeisterung und Liebeserklärung an den Nordpol. Für Interessierte gibt er Tipps und Ratschläge für den Aufenthalt in der Arktis

Auch heute, am Anfang des dritten Jahrtausend, ist es nur wenigen Menschen gelungen, bis zum Nordpol zu kommen. Paul Quast ist einer von denen, die diese grandiose Landschaft sehen, betreten und erleben durften.

Aus der Reihe „best of"

Jakobsweg – Spaniens bekanntester Wanderweg

Andreas Drouve
Matthias Hanke
Günter Grüner
Volker Wischnowski

144 Seiten
120 Fotos
24,90 €

ISBN 978-3-9806849-8-9

In St. Jean-Pied-de-Port in den Pyrenäen beginnt der berühmteste Teil des Jakobsweges. Seit 1.200 Jahren pilgern die Menschen von hier nach Santiago de Compostela, wo sich das Grab des heiligen Jakobus befinden soll. Auf dem Weg liegen Städte mit großartigen Bauwerken, urige Bergdörfer und uralte, gemauerte Bogenbrücken. Über den Jakobsweg kamen seit jeher Baumeister und Architekten, Bildhauer und Maler nach Nordspanien und hinterließen überall ihre Spuren. Zwischen den Pyrenäen und Galicien wechseln sich eindrucksvolle Landschaften ab, in die Kirchen, Klöster und Burgruinen eingebettet sind. Mehrere Pässe mit kilometerlangen Anstiegen sind zu überwinden – atemberaubende Ausblicke entschädigen für die Qual. Grüne Hügel, Weizenfelder, Wälder, karge Gipfel und leuchtende Mohnfelder begleiten den Wanderer.

Aus der Reihe „best of"

Cornwall – Englands sonniger Süden

Matthias Hanke
Hartmut Pönitz
Benjamin Volart
Oliver Werani

120 Seiten
100 Fotos
24,90 €

ISBN 978-3-9806849-7-2

Cornwall und die angrenzenden Grafschaften zählen heute zweifellos zu den schönsten Regionen Europas. Auch wer schon viel in der Welt herum gekommen ist, wird sich von dieser Ecke des alten Kontinents begeistern lassen.
Dank der klimatisch bevorzugten Lage offenbart sich hier auch die englische Gartenkunst in ihrer Vollendung.
Dazu kommen traumhafte Buchten und Badestrände, wie man sie eigentlich nur in der Karibik vermutet. Zwischen den Buchten befinden sich schroffe Steilküsten. Zahlreiche kleine Fischerdörfer, in denen nach wie vor die Fischer jeden Tag hinaus fahren, strahlen fast mediterrane Atmosphäre aus.
Das Landesinnere ist ebenfalls voller Abwechslung: Felder, von jahrhundertealten Steinmauern umgeben, Schlösser und alte Herrensitze, nebelverhangene Hochmoore.

Unsere Namen werden
mit der Zeit vergessen,
unserer Taten gedenkt niemand,
unser Leben fliegt vorbei wie eine Wolke
und verschwindet wie der Nebel,
der von der Sonne warmen Strahlen
verjagd, von ihrer Hitze
niedergedrückt wird.

Fridtjof Nansen